Volker Kratzenberg-Annies

MISSION WELTALL

Wie Astronauten leben und arbeiten

KNESEBECK

INHALT

Einleitung 04

01 VON GAGARIN BIS ZUR ISS: AUFBRUCH IN DEN WELTRAUM

Die Pioniere: immer schneller, immer höher 10

Sputnik und die Tiere 11

Juri Gagarin: der erste Mensch im All 12

Amerikanische Helden: Shepard und Glenn 13

Die ersten »Spaziergänger« im Orbit 14

Ein Feuerritt auf über 2000 Tonnen Treibstoff 16

Auf dem Mond: Landung in letzter Sekunde 17

Apollo 13: die Beinahe-Katastrophe 20

Mit dem Auto auf dem Mond 21

Shuttle und Sojus – zwei Wege ins All 22

Spacelab, Saljut und MIR 24

Die ISS – ein Außenposten der Menschheit 26

Ein Paradies für Wissenschaftler 27

Eine High-Tech-Welt im All 28

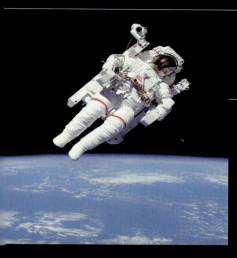

02 VON START BIS LANDUNG: MIT ASTRONAUTEN INS ALL

Die Ausbildung: über und unter Wasser	36
Flugtraining: an den Stress gewöhnen	38
Notfalltraining: nicht nur simuliert	40
Die letzten Tage auf der Erde	42
Der Tag X: die Stunden vor dem Start	46
Am Ende des Countdowns: Lift-off!	48
Kritische Momente: die ersten Sekunden	50
Start und Aufstieg: acht Minuten bis zur Schwerelosigkeit	52
Andocken: Maßarbeit bei über 28 000 Stundenkilometern	54
An Bord: eine Welt ohne Oben und Unten	58
Forschungskrimis im fliegenden Labor	62
Außenbordeinsätze: Ausflüge in den luftleeren Raum	64
Essen im All: wenn der Käse über dem Tisch schwebt	68
Haareschneiden mit dem Staubsauger	70
Freizeit in der Umlaufbahn	72
Vor dem Schlafen: bitte anschnallen!	74
Notfall: Feuer an Bord!	76
Der Blick auf die Erde	78
Sonne, Mond und Sterne	82
Über 1000 Grad: eine heiße Heimreise	86
Zurück auf der Erde: die Tage danach	88
Ausblick	90
Glossar	92
Personen- und Sachregister	95
Bildnachweis und Danksagung	96

EINLEITUNG

In den Weltraum fliegen, die Erde von oben betrachten, völlig schwerelos durchs All schweben: Für viele ist das ein großer Traum. Doch wie sieht der »Traumberuf« des Astronauten wirklich aus? Wozu dient die Forschung im Weltall? Wie erleben Raumfahrer den Start und dann den Alltag auf der Internationalen Raumstation ISS? Und wie hat das »Abenteuer Raumfahrt« vor etwa 50 Jahren überhaupt begonnen?

Dieses Buch beantwortet diese und viele andere spannende Fragen rund um die bemannte Raumfahrt. Und wer könnte besser über den Flug ins All berichten als Raumfahrer selbst? Über 20 Astronauten aus mehreren europäischen Ländern kommen hier zu Wort und erzählen von ihren Erlebnissen, von ihren persönlichen Eindrücken und Gefühlen, von den spannendsten Momenten und schönsten Ereignissen in der Umlaufbahn und auf dem Weg dorthin.

Auch kuriose Dinge werden nicht ausgelassen: warum man beim Schlafen im All die Arme in die Luft streckt und bei geschlossenen Augen manchmal Blitze sieht, wie die Bordtoilette funktioniert oder wie zwei Astronauten vom Mond zur Erde zurückkehren konnten, obwohl der wichtigste Schalter in ihrer Mondfähre abgebrochen war ...

EINLEITUNG

01 VON GAGARIN BIS ZUR ISS:
AUFBRUCH IN DEN WELTRAUM

er die Erde nicht
komplett, sondern
machte nur einen

Alles begann mit einem kleinen Satelliten namens Sputnik. Er war kaum größer als ein Basketball, doch als er 1957 ins All geschossen wurde, war dies der Anfang eines der faszinierendsten Abenteuer aller Zeiten: der Eroberung und Erforschung des Weltraums.

Auf Sputnik folgten weitere Satelliten, und schließlich wagten Anfang der 1960er Jahre die ersten Menschen den riskanten Flug ins All. Sie umrundeten die Erde und stiegen schließlich sogar während des Fluges aus ihren Kapseln aus. Die Landung auf dem Mond war der Höhepunkt dieser rasanten Entwicklung: Erstmals betrat ein Mensch einen anderen Himmelskörper – ein Meilenstein in der Geschichte.

Danach konzentrierte man sich in der bemannten Raumfahrt auf die Forschung in der Schwerelosigkeit. Raumlabors und Raumstationen wurden ins All gebracht, wo sie in mehreren hundert Kilometern Höhe um die Erde kreisten. Darin führten Astronauten wissenschaftliche Versuche durch, die auf dem Boden überhaupt nicht möglich sind. Das ehrgeizigste und größte dieser Projekte ist die Internationale Raumstation ISS – ein gigantisches Forschungslabor in der Umlaufbahn und ein Außenposten der Menschheit im All.

Die nächsten Seiten bieten einen kurzen Rückblick auf die spannendsten Ereignisse in der bemannten Raumfahrt von den Anfängen bis heute.

DIE PIONIERE: IMMER SCHNELLER, IMMER HÖHER

←← Joe Walker war einer der berühmten amerikanischen Testpiloten, die in den 1950er Jahren auf ihrer Jagd nach Rekorden immer schneller und immer höher flogen. 1966 verunglückte er bei einem Testflug tödlich.

← Der erste Mensch, der schneller als der Schall flog: Chuck Yeager vor seinem Raketenflugzeug X-1, das er nach seiner Ehefrau Glennis nannte

Von Anfang an war die bemannte Raumfahrt eng mit der Fliegerei verknüpft. In der früheren Sowjetunion, dem heutigen Russland, und in den USA waren die ersten Raumfahrer gelernte ▶▶ **TESTPILOTEN**.

Testpiloten – das waren schon immer verwegene Kerle, die mit ihren Maschinen ständig neuen Rekorden nachjagten. Einige von ihnen bezahlten ihren Mut mit dem Leben, andere machten Geschichte, wie der Amerikaner Charles »Chuck« Yeager: Er durchbrach 1947 als erster Mensch die Schallmauer, flog also mit über 1000 Kilometern pro Stunde schneller als der Schall. Sein Kollege Joe Walker brachte es später sogar auf 6000 Kilometer pro Stunde.

Der Sprung ins All gelang jedoch erst einigen jüngeren Fliegern: zum Beispiel dem Testpiloten Neil Armstrong, der später als erster Mensch den Mond betreten sollte. Auch Alan Shepard und John Glenn, die bald zu den großen Stars des amerikanischen Raumfahrtprogramms wurden, begannen ihre Karriere als Testpiloten.

In Russland, wo man wie in den USA seit Mitte der 1950er Jahre an einem ehrgeizigen Raumfahrtprogramm arbeitete, hatte man insgesamt 20 Kandidaten ausgewählt. Schließlich war es Juri Gagarin, der für den ersten Flug ins All nominiert wurde. Doch bis dahin mussten noch zahlreiche technische Fragen geklärt werden.

Eindrucksvoll beschreibt der amerikanische Schriftsteller Tom Wolfe das Leben vieler »Helden« aus dieser Zeit, in der Piloten zu Astronauten wurden. Sein Buch *The Right Stuff* ist mit vielen Stars spannend verfilmt worden. Der deutsche Filmtitel lautet: *Der Stoff, aus dem die Helden sind.*

▶▶ Bis heute sind viele Raumfahrer ausgebildete **TESTPILOTEN**. Das gilt für die Piloten von Raumfähren oder -schiffen ebenso wie für Kommandanten, die als »Chef« an Bord für den jeweiligen Flug verantwortlich sind. Man kann aber auch Luft- und Raumfahrttechnik studieren und Bordingenieur werden. Und Astronauten, die im All Experimente durchführen, sind Physiker, Biologen oder Mediziner. Wer wirklich Astronaut werden will, muss allerdings wissen: Weltweit gibt es nur wenige Stellen. Doch auch andere Raumfahrtberufe sind spannend: vom Experten im Kontrollzentrum bis zum Wissenschaftler, der andere Planeten erforscht.

SPUTNIK UND DIE TIERE

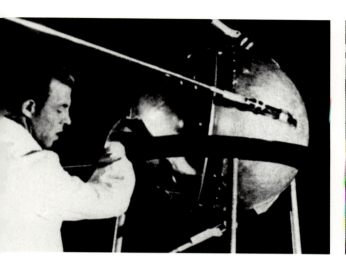

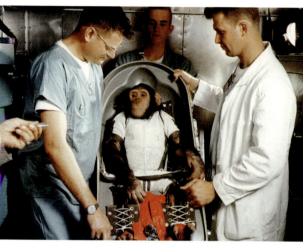

←← Der erste Satellit, Sputnik 1, wird auf den Start vorbereitet.

← Der Schimpanse Ham vor seiner großen Reise ins All im Januar 1961. Er überstand den Flug gut und lebte danach noch mehr als 20 Jahre, erst im Zoo von Washington und dann in einem anderen Tierpark.

4. Oktober 1957, tausende Kilometer östlich von Moskau: Mit einem mächtigen Feuerstrahl steigt eine Rakete in den Nachthimmel auf. Dann verschwindet der Satellit »Sputnik 1« in der Dunkelheit. Seit Jahren hatte man in Russland darauf hingearbeitet, vor den USA einen Flugkörper in die ▶▶ **ERDUMLAUFBAHN** zu schießen. Alles war streng geheim. Sogar der Name des Startplatzes, »Baikonur«, war ein Täuschungsmanöver, denn die echte Stadt Baikonur lag ganz woanders.

Die Funksignale von Sputnik 1 wurden auf der ganzen Welt empfangen. Im Westen reagierte man beunruhigt, denn wer eine solche Metallkugel ins All befördern konnte, war auch dazu fähig, auf große Entfernung mit Raketen zu schießen. Jetzt setzten die USA alles daran, selbst ins All zu gelangen …

Einen Monat später startete der nächste russische Satellit – mit einem Passagier an Bord: der Hündin Laika. Wie einige andere Tiere, die man – in der Sowjetunion und den USA, nicht aber in Europa – ins All schickte, überlebte sie nicht. Besser erging es da den Hunden Belka und Strelka: Sie kehrten unversehrt zur Erde zurück. Oder Sam und Ham, zwei amerikanischen Affen, die danach noch rund 20 Jahre lang lebten. Und dann war da noch Bobik: ein russischer Hund, der offenbar keine Lust hatte, zum Helden zu werden. Er lief kurz vor dem Start einfach davon …

▶▶ Um in eine **UMLAUFBAHN**, auch Orbit genannt, um die Erde zu gelangen, muss ein Satellit auf eine bestimmte Geschwindigkeit gebracht werden, die bei circa 7,9 Kilometern pro Sekunde liegt. Wird der Satellit in der Nähe des Äquators in Richtung Osten gestartet, braucht er etwas weniger Schub, um dieses Tempo zu erreichen. Dann kann nämlich die Geschwindigkeit ausgenutzt werden, die sich aus der Erddrehung ergibt – und die ist am Äquator am höchsten. Je näher also ein Startplatz am Äquator liegt, desto mehr Schwung gibt die Rotation der Erde einer Rakete mit auf den Weg. Die günstigste Lage hat der europäische Weltraumbahnhof in Kourou in Französisch-Guayana.

JURI GAGARIN: DER ERSTE MENSCH IM ALL

← Juri Gagarins Flug machte weltweit Schlagzeilen – hier die Titelseite einer amerikanischen Zeitung.

Das Rennen um den ersten Satelliten hatten die Russen mit Sputnik 1 für sich entschieden – den USA gelang erst im Januar 1958 ein erfolgreicher Start. Nun konzentrierte sich alles auf das nächste große Ziel: Welche Nation würde den ersten Menschen in den Weltraum schicken? Im Frühjahr 1961 wird diese Frage beantwortet. Am Morgen des 12. April fliegt der Russe Juri Gagarin als erster ➽ RAUMFAHRER der Geschichte ins All und umrundet einmal die Erde.

Um Gagarin gibt es viele Legenden. So war lange unbekannt, dass der Kosmonaut bei der Landung der Kapsel überhaupt nicht mehr an Bord war: Er hatte in sieben Kilometern Höhe den Schleudersitz ausgelöst und war mit Hilfe seines Rettungsfallschirms gelandet. Warum Gagarin vorzeitig aus der Kapsel ausgestiegen war, darüber gibt es unterschiedliche Theorien. Wahrscheinlich war dies so geplant, auch wenn manche einen Notfall an Bord vermuten.

Wieder zurück auf der Erde, wurde Gagarin als strahlender Held gefeiert. Er galt als lebendes Symbol für den Triumph der damaligen Sowjetunion über die USA – und war damit zu »kostbar«, um sein Leben bei einem weiteren Raumflug zu riskieren. Doch sieben Jahre später stürzte Gagarin – nur 34 Jahre alt – bei einem Übungsflug mit einem Flugzeug tödlich ab. Auch bei diesem Unfall wird bis heute über die Ursache gerätselt.

Der jüngste Raumfahrer aller Zeiten war German Titow, der im August 1961 nach Gagarin als zweiter Russe ins All flog: Er war damals 25 Jahre alt.

German Titow

➽ Gagarin war der erste Mensch im All, der erste RAUMFAHRER. In Russland bezeichnete man die Raumfahrer als »Kosmonauten«. Als etwas später die ersten Amerikaner in den Weltraum flogen, sprach man in den USA von »Astronauten«. Bis heute sind diese Bezeichnungen erhalten geblieben: Russische Raumfahrer werden »Kosmonauten« genannt, Raumfahrer in den USA und in Westeuropa »Astronauten«. Im Jahr 2003 sind noch die »Taikonauten« hinzugekommen: So nennt man die Raumfahrer, die China ins All geschickt hat. Aber wer ist überhaupt ein Astronaut oder Kosmonaut? Ganz einfach: Jeder, der im All war. Der Weltraum beginnt dort, wo die Erdatmosphäre aufhört: in 80 bis 100 Kilometern Höhe. Amerikanische Astronauten jedenfalls rufen beim Aufstieg in 50 Meilen – umgerechnet etwa 80 Kilometer – Höhe: »We are astronauts!«, »Wir sind Astronauten!«

AMERIKANISCHE HELDEN: SHEPARD UND GLENN

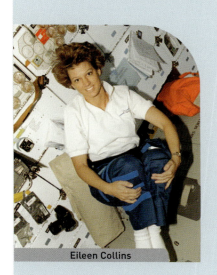
Eileen Collins

Alan Shepard

John Glenn

Raumfahrt war lange reine Männersache. Zwar flog schon 1963 die Russin Valentina Tereschkowa als erste Frau ins All, doch erst 1982 startete die nächste Russin in den Weltraum und erst ein Jahr später die erste Amerikanerin, Sally Ride. Inzwischen waren rund 40 Frauen im All – bei insgesamt über 400 Raumfahrern. Die erste Frau, die einen Shuttle als Pilotin steuerte, war Eileen Collins im Jahr 1995. Sie führte vier Jahre später auch als erste Astronautin an Bord einer Raumfähre das Kommando.

Über 100 Testpiloten hatte man 1957 in den USA als ➤➤ KANDIDATEN ausgewählt, doch nur sieben wurden schließlich in das amerikanische Raumfahrtprogramm Mercury aufgenommen. Darunter waren Alan Shepard und John Glenn.

Die Amerikaner waren im Rennen um den ersten bemannten Flug ins All fast so weit wie die Russen – doch wieder kamen sie ein paar Wochen zu spät. Knapp einen Monat nach Gagarin, am 5. Mai 1961, flog Shepard als erster Amerikaner in den Weltraum. Dabei stieg die Kapsel auf über 180 Kilometer Höhe, bevor sie wie geplant in einem großen Bogen wieder zu Boden – genauer gesagt, in den Atlantik – fiel. Shepards Flug dauerte 15 Minuten. Der erste Amerikaner, dem es schließlich gelang, die Erde komplett zu umrunden, war John Glenn. Am 20. Februar 1962 kreiste er bei seinem knapp fünfstündigen Flug dreimal um unseren Planeten.

Shepard und Glenn starteten viele Jahre später jeweils noch ein einziges Mal ins All: Shepard war bereits für die Unglücksmission Apollo 13 vorgesehen, als er vor dem Start doch noch ausgetauscht und erst bei Apollo 14 im Februar 1971 eingesetzt wurde. Er war der fünfte Mensch, der den Mond betrat. Glenn, der inzwischen Politiker geworden war, durfte mit 77 Jahren als ältester Astronaut aller Zeiten noch einmal ins All: 1998 umrundete er mit einem Shuttle 134-mal die Erde.

➤➤ KANDIDATEN für eine Laufbahn als Astronaut müssen viele Bedingungen erfüllen. In Europa wird entweder eine Ausbildung als Testpilot oder ein hervorragender Abschluss eines naturwissenschaftlichen Studiums verlangt. Außerdem müssen bestimmte körperliche Merkmale zutreffen: Man darf nicht größer als 190 Zentimeter sein, kein Übergewicht haben und nicht an schweren Krankheiten leiden. Und schließlich braucht man auch Glück: Als die Europäische Weltraumorganisation ESA vor mehreren Jahren einige Ausbildungsplätze zu vergeben hatte, bewarben sich 22 000 Personen, von denen 5000 recht gute Qualifikationen vorweisen konnten.

DIE ERSTEN »SPAZIERGÄNGER« IM ORBIT

← Alexeij Leonow muss um sein Leben kämpfen. Der erste Weltraumspaziergang eines Raumfahrers wäre beinahe tödlich verlaufen.

Edward White (Mitte) kam eineinhalb Jahre nach seinem Weltraumspaziergang zusammen mit seinen Kollegen Virgil »Gus« Grissom (links) und Roger Chaffee bei einem Trainingsunfall ums Leben, als in ihrer Kapsel ein Feuer ausbrach. Vermutlich war ein Stromkabel bei einem Kurzschluss in Brand geraten. Durch die Hitze verzog sich die Luke, die sich deshalb nicht mehr öffnen ließ. Dies ist eines der letzten Bilder, welche die Crew lebend zeigen. Es stammt vom 17. Januar 1967. Zehn Tage später ereignete sich der tragische Unfall.

18. März 1965, mehrere hundert Kilometer über der Erde: Im luftleeren Weltraum kämpft ein Mensch ums Überleben. Er heißt Alexeij Leonow, ist russischer Kosmonaut und der erste Mensch, der während eines Fluges aus seiner Kapsel aussteigt, also einen ➡ **WELTRAUMSPAZIERGANG** unternimmt – und er ist ganz allein mit seinem Problem. Der Raumanzug, der ihn schützen soll, hat sich im Vakuum des Alls zu sehr aufgebläht. Nun passt Leonow nicht mehr durch die Luke der Kapsel. Nur mit letzter Kraft, als die Atemluft schon knapp wird, kann er sich – nachdem er etwas Druck aus seinem Anzug abgelassen hat – in das Raumschiff zwängen, die Luke schließen und wieder tief Luft holen.

Der NASA-Astronaut Edward White absolvierte am 3. Juni 1965 einen Weltraumspaziergang. Wieder waren die USA im Rennen um die Rekorde im All um wenige Wochen geschlagen worden. Doch das Apollo-Programm der NASA sollte die Wende bringen: Die Amerikaner schafften es, Menschen zum Mond zu »schießen«, dort landen zu lassen und sicher wieder zur Erde zurückzuholen. Russland gab daraufhin eigene Pläne einer Mondlandung auf.

➡ **WELTRAUMSPAZIERGÄNGE** sind anstrengend und nicht ungefährlich. Nur ein spezieller Raumanzug schützt vor den extremen Temperaturen des Alls, wo es im Sonnenlicht bis zu 200 Grad Celsius heiß und im Schatten weit unter minus 200 Grad kalt ist. Er sorgt auch für die nötige Atemluft, denn in der Umlaufbahn herrscht ein Vakuum. Schließlich müssen Raumfahrer durch Sicherheitsleinen mit dem Raumschiff verbunden sein. Sonst würden sie davonschweben. Es wird sehr auf die Sicherheit und Gesundheit der Astronauten geachtet. Ärzte überwachen vom Boden aus alle wichtigen Körperfunktionen in Echtzeit – vom Herzschlag bis zur Atmung.

↑ Edward White bei seinem Ausstieg ins All. Deutlich erkennt man die mit Goldfolie umwickelte Sicherheitsleine, die ihn mit dem Raumschiff verbindet. In seiner rechten Hand hält White eine Art Pistole, aus der er Gas ausströmen lassen kann. Durch den entstehenden Rückstoß bewegt sich der Astronaut in der Schwerelosigkeit vorwärts. Insgesamt 23 Minuten schwebte White neben dem Raumschiff, bis er wieder in die Kapsel kletterte, wo ein zweiter Astronaut ihn in Empfang nahm.

EIN FEUERRITT AUF ÜBER 2000 TONNEN TREIBSTOFF

← Der Blick zurück zur Erde: So sah die Crew von Apollo 8 unseren Heimatplaneten. Ihre Mission war der erste Testflug, der zum Mond und wieder zurück führte. Eine Landung auf dem Mond war dabei nicht vorgesehen.

»Das ist ein kleiner Schritt für einen Menschen, aber ein großer Sprung für die Menschheit«, sagte Neil Armstrong, als er in der Nacht vom 20. auf den 21. Juli 1969 als erster Mensch den Mond betrat.

Das amerikanische Apollo-Programm war ein äußerst kompliziertes Vorhaben: Um Astronauten zum rund 400 000 Kilometer entfernten Mond zu befördern, benötigte man eine Rakete, die leistungsstärker war als alles, was es bisher gegeben hatte. Doch selbst wenn man dieses Problem lösen konnte: Wie sollte das Raumschiff auf dem Mond landen, wie wieder zur Erde zurückkehren?

Tausende Experten entwickelten schließlich die nötigen Technologien und folgenden Missionsverlauf: Die über 100 Meter hohe Saturn V brachte das Apollo-Raumschiff auf ein Tempo von über zehn Kilometern pro Sekunde. Das Raumschiff bestand aus dem Hauptmodul, das drei Astronauten Platz bot, und der kleinen Landefähre. In der Mondumlaufbahn stiegen zwei Astronauten in die Fähre um, koppelten ab und landeten auf dem Mond. Der dritte Astronaut umkreiste im Mutterschiff weiter den Mond. Nach dem Aufenthalt auf der Mondoberfläche flog man mit der Fähre zum Hauptmodul zurück. Dann machte sich die Crew auf die Heimreise. Nur die Spitze des Hauptmoduls ging schließlich, von Fallschirmen gebremst, im Ozean nieder.

Start einer Saturn V. Das V steht in römischer Schrift für die Zahl Fünf. Nur der dunkle Teil an der Spitze und die weiße »Haube« darüber fliegen zum Mond. Hier sitzen die Astronauten – und zwar auf einem echten Pulverfass! Denn der Rest darunter ist mit über 2000 Tonnen Treibstoff gefüllt. Der »Stachel« ganz oben ist eine kleine Extra-Rakete, die die Kapsel samt Astronauten schnell hätte wegsprengen können, falls die Saturn-Rakete beim Start explodiert wäre.

AUF DEM MOND: LANDUNG IN LETZTER SEKUNDE

↓ Neil Armstrong (links) und Edwin Aldrin, genannt »Buzz« (rechts)

→ Dieses Foto zeigt Edwin Aldrin dabei, wie er nach Armstrong aus der Mondfähre klettert. Der Landeplatz liegt im »Meer der Ruhe«. Das ist kein echtes Meer, sondern eine staubige und steinige Ebene. Auf dem Mond gibt es keine Gewässer. Die Bezeichnung wurde einst gewählt, weil man diese von der Erde aus dunkel erscheinenden Flecken irrtümlich für Meere gehalten hatte.

Nicht alles ging bei Apollo 11 glatt: Schon beim Training für den Landeanflug wäre Neil Armstrong mit einem Modell der Mondlandefähre beinahe verunglückt. Nur mit dem Schleudersitz konnte er sich in letzter Sekunde retten. Als dann tatsächlich die Landung auf der Mondoberfläche bevorstand, ging erst ein falscher Alarm los, dann war das Zielgebiet von großen Felsbrocken übersät, so dass Armstrong kurz vor dem Aufsetzen per Handsteuerung eingreifen und einen anderen Landeplatz finden musste. Als die Fähre schließlich Bodenkontakt hatte, befand sich nur noch für wenige Sekunden Treibstoff im Tank – von der Reserve für den Flug zurück abgesehen. Später, als die Astronauten den Rückstart vorbereiteten, brach ein Schalter ab: Aldrin steckte einen Kugelschreiber in die Öffnung und zündete so die Triebwerke.

Apollo 7 war die erste Mission, bei der eine Crew das Apollo-Raumschiff im Flug testete. Mit Apollo 8 umrundeten dann erstmals Astronauten den Mond. Bei Apollo 9 probte man das Ab- und Andocken der Mondfähre, und Apollo 10 kam dem Mond schon ganz nahe: Nur 14 Kilometer war die Fähre von der Oberfläche entfernt, als sie wie geplant wieder Kurs auf das Mutterschiff nahm. Nun stand im Sommer 1969 der entscheidende Flug bevor: Apollo 11.

Am 16. Juli startet die Saturn-Rakete mit Neil Armstrong, Edwin Aldrin und Michael Collins in den Weltraum. Am 20. Juli setzt die Landefähre auf dem Mond auf. Armstrong und Aldrin bereiten den historischen Moment vor: das Betreten der Mondoberfläche. In Europa ist es nach Mitternacht, die meisten Menschen haben die letzten Stunden vor dem Fernseher verbracht, als der Bildschirm endlich ein unscharfes Bild – damals noch in Schwarz-Weiß – übermittelt: Eine vermummte Gestalt »hopst« eine Leiter hinunter – ein wenig unbeholfen, doch wegen der geringeren ▶▶ **SCHWERKRAFT** auch irgendwie spielerisch und leicht.

Danach sammeln die Astronauten 20 Kilo Mondgestein ein und stellen Messgeräte auf. Als die Welt am nächsten Morgen etwas verschlafen erwacht, befinden sie sich bereits wieder auf dem Weg zum Mutterschiff, wo ihr Kollege Collins sie erwartet. Drei Tage später landet die Crew wohlbehalten mit einem großen »Splash« im Pazifischen Ozean.

▶▶ Da unser Mond weniger Masse besitzt als die Erde, übt er auch eine geringere Anziehungskraft aus. Sie beträgt ungefähr ein Sechstel der **SCHWERKRAFT** der Erde. Wer auf der Erde 60 Kilogramm wiegt, würde also auf dem Mond nur zehn Kilogramm auf die Waage bringen. So kann man dort zum Beispiel auch viel höher und weiter springen. Und beim Start zurück zum Mutterschiff benötigte die Mondfähre daher vergleichsweise wenig Treibstoff.

↑ Dies ist eines der berühmtesten Fotos aller Zeiten. Allerdings zeigt es nicht den ersten, sondern den zweiten Menschen, der je den Mond betrat, nämlich Edwin Aldrin. Neil Armstrong, der das Bild aufnahm, spiegelt sich im Helm seines Kollegen.

↑ Begeistert wurden die Astronauten von Apollo 11 in New York begrüßt. Auf dem berühmten Broadway fand die größte Konfettiparade in der Geschichte statt.

→ Die Crew von Apollo 11 musste nach ihrer Rückkehr drei Wochen in einer luftdicht abgeschlossenen Quarantänekammer verbringen. Damals konnte man noch nicht ausschließen, dass auf dem Mond Bakterien existierten – und diese wollte man nicht auf die Erde einschleppen und hier verbreiten. Bei den folgenden Flügen verzichtete man dann auf diese Vorsichtsmaßnahme.

Kurioserweise aber »wanderten« Bakterien umgekehrt von der Erde zum Mond: Man fand sie auf Teilen einer älteren unbemannten Raumsonde, welche die Crew von Apollo 12 zur Erde zurückbrachte. Die Sonde war Jahre zuvor auf dem Mond niedergegangen, die Bakterien stammten von der Erde und hatten den lebensfeindlichen Bedingungen auf dem Mond getrotzt. Seitdem achtet man in der Raumfahrt genau darauf, dass man nicht versehentlich Bakterien auf andere Himmelskörper transportiert.

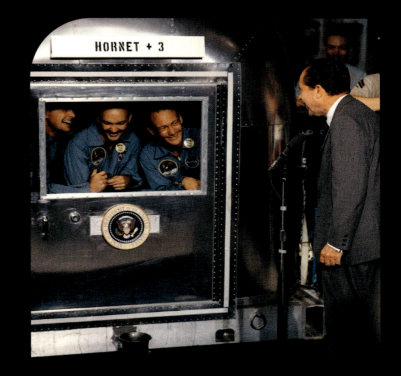

APOLLO 13: DIE BEINAHE-KATASTROPHE

← Sichtlich erschöpft, aber glücklich gerettet: Die Crew von Apollo 13 mit Fred W. Haise, James A. Lovell und John L. Swigert (von links nach rechts) wird auf einem Flugzeugträger in Empfang genommen. Das Foto vom 17. April 1970 zeigt auch, wie abgemagert die Astronauten nach dem sechstägigen Flug waren: An Bord war das Wasser knapp geworden, das man zur Aufbereitung der Weltraumnahrung benötigte.

→ Das Mondauto erlaubte es den Astronauten, Krater, Felsen und Berge zu untersuchen, die weit von der Landestelle entfernt waren.

→→ Die beiden vorerst letzten Menschen auf dem Mond: die Astronauten von Apollo 17, Eugene Cernan und Harrison Schmitt

Es sollte die dritte Mondlandung werden – doch es kam anders. Als sich Apollo 13 dem Mond nähert, explodiert ein Sauerstofftank. »Houston, wir haben ein Problem«, meldet sich die Crew aus dem All. Jetzt geht es nur noch darum, die Astronauten lebend zurückzuholen. Doch eine direkte Umkehr ist bei dem hohen Tempo unmöglich. Erst nach einer halben Umkreisung des Mondes kann das Raumschiff wieder Kurs auf die Erde nehmen. Also taucht Apollo 13 hinter dem Mond in den ▶▶ **FUNKSCHATTEN** – und bange Minuten später an der richtigen Stelle wieder auf.

Auf der Rückreise fällt das Navigationssystem aus, so dass sich die Crew an den Sternen orientieren muss. Als im Hauptmodul Sauerstoff und Strom zur Neige gehen, wird die Mondfähre zum »Rettungsboot«: Die drei Astronauten verbringen hier mehrere Tage in qualvoller Enge. Sie müssen sich einen Luftfilter basteln, um in der kleinen Kapsel nicht zu ersticken. Kurz vor dem Eintritt in die Atmosphäre klettern sie in das eiskalte Cockpit des Apollo-Raumschiffs zurück. Jetzt muss die Kapsel im exakten Winkel auf die Lufthülle der Erde treffen: nicht zu flach, sonst würde sie – wie ein flach geworfener Stein auf einem See – einfach abprallen, und nicht zu steil, damit sie nicht verglüht. Und dieser Winkel muss jetzt von Hand angesteuert werden! Doch das Manöver gelingt, und die Crew wird sicher geborgen.

▶▶ Sobald ein Apollo-Raumschiff in der Umlaufbahn hinter dem Mond verschwand, riss der Funkkontakt mit der Erde ab, da Funkwellen den Mond nicht durchdringen können. Besonders kritisch war das bei Apollo 13, da die Astronauten genau in dieser Phase die Triebwerke zünden mussten, um die Kapsel auf den richtigen Kurs zurück zur Erde zu bringen. Die Crew war also bei diesem über Leben oder Tod entscheidenden Manöver auf sich allein gestellt – mit einem schwer beschädigten Raumschiff ... Auch bei anderen Missionen spielte der **FUNKSCHATTEN** eine Rolle: Damit man mit den Astronauten auf dem Mond sprechen konnte, mussten die Landestellen auf seiner »Vorderseite« liegen. So ist keine Apollo-Crew je auf der »Rückseite« des Mondes gelandet. Der Mond zeigt uns nämlich stets dieselbe Seite, denn er dreht sich genau einmal um sich selbst, während er einmal die Erde umkreist. Man nennt das »gebundene Rotation«.

MIT DEM AUTO AUF DEM MOND

Eugene Cernan   Harrison Schmitt

Wie ist der Mond überhaupt entstanden? Die Apollo-Missionen haben dazu beigetragen, diese Frage zu beantworten. So verraten die vielen Kilogramm Mondgestein, die man mit zur Erde brachte, viel über die Geschichte des Mondes. Und mit Seismometern, also Geräten zur Messung von Erdbeben oder in diesem Fall Mondbeben, konnte man neue Erkenntnisse über den inneren Aufbau des Mondes gewinnen. Heute ist man relativ sicher, dass der Mond vor 4,5 Milliarden Jahren aus der Kollision eines anderen Himmelskörpers mit der Erde entstanden ist. Beim Aufprall wurden enorme Massen aus der Erde ins All hinausgeschleudert, die sich dann in einer Umlaufbahn um unseren Planeten sammelten. Durch die gegenseitige Anziehungskraft, die alle Körper und selbst kleinste Teilchen im Universum aufeinander ausüben, verdichteten sich die Trümmer immer mehr. So formten sie zusammen mit den Resten des kosmischen Brockens, der mit der Erde zusammengestoßen war, allmählich den Mond.

In der nächsten Kapsel, die nach Apollo 13 zum Mond startete, saß einer der berühmtesten Astronauten der Welt, Alan Shepard, der erste Amerikaner im All. Seine Crew absolvierte einen problemlosen Flug.

Ab Apollo 15 war sogar ein Auto mit an Bord: Während des Fluges zusammengefaltet, ließ es sich auf dem Mond in wenigen Minuten in Betrieb nehmen. Die Astronauten konnten damit zu weit entfernten Kratern oder Felsen fahren. Man blieb einige Tage auf dem Mond, arbeitete täglich mehrere Stunden und schlief zwischendurch in der Fähre – fast wie bei einer Expedition auf der Erde.

Dass es keine ernsten Probleme gab, darf aber nicht darüber hinwegtäuschen, dass die Astronauten sich in einer lebensfeindlichen Welt befanden. Der Mond hat keine ➡ ATMOSPHÄRE, daher gab es außerhalb der Schutzanzüge keine Atemluft. Die Temperaturen an der Mondoberfläche sind in der Sonne extrem hoch, im Schatten extrem niedrig. Ein Riss im Raumanzug, ein Leck in der Außenhülle der Fähre – und es hätte keine Chance auf Rettung gegeben.

Die sechste und bisher letzte Mondlandung fand im Dezember 1972 mit Apollo 17 statt. Seit Eugene Cernan und Harrison Schmitt gesund zur Erde zurückgekehrt sind, steht der Name Apollo für das erfolgreichste Raumfahrtprogramm aller Zeiten.

➡ Aufgrund seiner geringen Anziehungskraft kann der Mond nicht wie die Erde eine Lufthülle oder **ATMOSPHÄRE** an sich binden. Das auf dem Mond herrschende Vakuum sorgt dafür, dass die Temperaturen auf der Oberfläche extrem sind. Entweder brennt die Sonne ungefiltert und mit bis zu 130 Grad, oder es kühlt sofort bis auf minus 150 Grad ab. Diese Bedingungen im All sind einer der Gründe, warum die Raumfahrt immer wieder besondere technische Lösungen erfordert: neue Materialien, außergewöhnlich robuste Bauweisen, ultraleichte und kleine Geräte.

SHUTTLE UND SOJUS – ZWEI WEGE INS ALL

← Wenn der Spaceshuttle zur Landung ansetzt, ist der Tank so gut wie leer. Die Fähre gleitet dann ohne jeden Antrieb – praktisch wie ein Segelflugzeug, nur sehr viel schneller und steiler – der Landebahn entgegen. Der Pilot hat also nur einen einzigen Versuch, die Fähre sicher aufzusetzen.

Christa McAuliffe

Neue Transporter, die schwere Lasten in die Umlaufbahn befördern konnten, sowie fliegende Labors, um in der Schwerelosigkeit Versuche durchzuführen – das waren die großen Ziele nach den Flügen zum Mond. Amerikaner, Russen und Europäer bauten erste Raumstationen und -labors, und die USA entwickelten ein komplett neues Raumfluggerät: den Spaceshuttle.

Gegenüber Raumkapseln wie der russischen Sojus hatte diese Raumfähre große Vorteile: Sie bot Platz für bis zu sieben Astronauten und mehrere Tonnen Fracht, und sie war wiederverwendbar. Denn der Shuttle landet wie ein Flugzeug auf einer Landebahn und kann danach für weitere Flüge genutzt werden. Der Nachteil der Raumfähren wurde erst nach und nach deutlich: Der Shuttle ist ein viel komplizierteres System als das Gespann aus Rakete und Kapsel. So kam es immer wieder zu Startverzögerungen und außerdem zu zwei schweren Unfällen.

Auch Russland hatte eine Raumfähre entwickelt, die dem amerikanischen Modell recht ähnlich sah. Doch »Buran« brach nur zu einem einzigen unbemannten Raumflug auf, bei dem die Fähre im Jahr 1988 zweimal die Erde umkreiste. Danach fehlte das Geld für weitere Missionen. Man blieb bei der alten, aber sehr zuverlässigen Sojus-Rakete, die mit einem Raumschiff an der Spitze drei Raumfahrer und etwa 100 Kilogramm Gepäck in den Orbit mitnehmen kann.

Zwei schwere Unfälle ereigneten sich mit dem Spaceshuttle: Im Januar 1986 explodierte die Challenger kurz nach dem Start. Frost hatte einige Dichtungsringe spröde werden lassen. So traten seitlich Flammen aus, und es kam zur Explosion. Alle sieben Crew-Mitglieder starben, darunter die Lehrerin Christa McAuliffe, die Schülern aus dem All von ihren Erlebnissen berichten wollte. Im Februar 2003 brach die Columbia beim Wiedereintritt in die Erdatmosphäre auseinander. Offenbar war der Hitzeschild der Fähre schon beim Start beschädigt worden. Auch bei diesem Unglück starben sieben Astronauten.

↑ Der Shuttle Columbia vor seinem Erstflug am 12. April 1981. Der große Tank – auf diesem Bild ragt er hinter der eigentlichen Raumfähre mächtig empor – war weiß gestrichen. Später ließ man die Farbe weg, um das Gewicht zu verringern: Immerhin 270 Kilogramm konnte man dadurch einsparen. Beim ersten Flug saßen nur zwei Astronauten im Cockpit: Kommandant John Young und Pilot Robert Crippen. Einen unbemannten Testflug ins All hatte es vorher nicht gegeben, doch alles verlief nach Plan, und so wurden nach und nach insgesamt fünf Raumfähren gebaut und in Betrieb genommen: Columbia, Challenger, Discovery, Atlantis und Endeavour.

SPACELAB, SALJUT UND MIR

Hans Schlegel

Ulrich Walter

← ← Hans Schlegel bei einem medizinischen Experiment

← Ulrich Walter im Spacelab. Er war mit Hans Schlegel und fünf NASA-Astronauten 1993 im All.

Die Europäische Weltraumorganisation ESA entwickelte das Forschungslabor »Spacelab«, das zwischen 1983 und 1998 insgesamt 22-mal mit dem Shuttle ins All befördert wurde. Es konnte für jeden Flug mit neuen Geräten ausgestattet werden und kehrte nach ein bis zwei Wochen mit einer Fülle wissenschaftlicher Resultate zurück.

Die USA hatten Anfang der 1970er Jahre nur kurzzeitig die Raumstation Skylab betrieben. Russland aber sammelte zunächst mit einigen kleineren Stationen, die man »Saljut« taufte, Erfahrungen, bevor man ab 1986 die große Raumstation MIR im All aufbaute. Bis auf wenige Monate war die Station ständig mit zwei Kosmonauten besetzt. Der Dienst im All dauerte jeweils sechs Monate. Dann dockte die neue Besatzung mit einer Sojus an, und für die bisherige Schicht ging es mit der alten Kapsel zurück zur Erde.

Die Sojus-Technik blieb jahrzehntelang fast unverändert, da sie sich als sehr zuverlässig erwies. Das galt lange Zeit auch für die MIR. Zuletzt häuften sich aber die Pannen, und der Betrieb der Station wurde zu teuer – auch weil seit 1998 die neue Internationale Raumstation im Aufbau war, an der sich Russland beteiligte. So entschied man in Moskau, die MIR im Jahr 2001 kontrolliert über dem Pazifik abstürzen zu lassen.

Als der Kosmonaut Wladimir Dschanibekow am 6. Juni 1985 zu seinem fünften Flug aufbricht, ahnt er nicht, was für ein Abenteuer auf ihn zukommt. Er soll mit einem Kollegen die Station Saljut 7 wieder in Betrieb nehmen, die unbemannt um die Erde torkelt. In der Station ist es kalt, denn die Stromversorgung ist unterbrochen. Unter größter Anstrengung können die Kosmonauten die Systeme wieder in Gang bringen. Als Dschanibekow seinen Helm absetzt, gefriert der Atem vor seinem Gesicht zu Schneeflocken, die durch die von Frost überzogene Station schweben. Erst Wochen später ist die Lage an Bord wieder normal.

→ Wladimir Dschanibekow

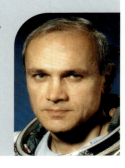

1986 bis 2001 um die Erde. Man sieht deutlich die riesigen Sonnensegel, die in alle Richtungen abstehen und die das Sonnenlicht in Strom verwandeln.

↓ Ein Spaceshuttle über der Erde. Man erkennt an der Spitze die dunkle »Nase«, dann die Fenster des Cockpits und schließlich die geöffnete Ladebucht (die bei Start und Landung natürlich geschlossen ist und nur in der Umlaufbahn aufgeklappt wird) und das Heck mit den Triebwerken.

01 AUFBRUCH IN DEN WELTRAUM

24
25

DIE ISS – EIN AUSSENPOSTEN DER MENSCHHEIT

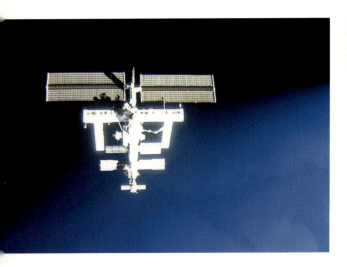

← Rund 400 Kilometer über der Erde umrundet die Internationale Raumstation unseren Planeten.

Sie ist die am höchsten gelegene Baustelle der Welt: die Internationale Raumstation ISS, die rund 400 Kilometer über der Erde errichtet wird. Nach und nach befördert man die einzelnen Bauteile in die Umlaufbahn und fügt sie dort aneinander. Rund 30 Raumflüge sind für den ➼ **AUFBAU** nötig, in mehr als 100 Außenbordeinsätzen müssen Raumfahrer die Elemente montieren. So gut wie alle bemannten Raumflüge führen heute zur ISS und tragen dazu bei, dieses ehrgeizige Projekt zu vollenden.

Einmal fertig gestellt, wird die ISS über 100 Meter lang und 80 Meter breit sein und bis zu sieben Crew-Mitgliedern Platz bieten. Zurzeit befinden sich ständig mindestens drei Raumfahrer an Bord. Für diese Stammbesatzung dauert eine Schicht in der Umlaufbahn ein halbes Jahr. Andere Astronauten, die auf der ISS Experimente durchführen, oder Privatpersonen, die sich einen solchen Flug leisten können, fliegen zu kürzeren Aufenthalten zur ISS. Sie kommen mit der neuen Besatzung an und kehren etwa eine Woche später mit der Crew, die abgelöst wurde, zur Erde zurück.

Die USA, Russland, eine ganze Reihe europäischer Staaten sowie Kanada und Japan beteiligen sich an der ISS. An keinem anderen Weltraumprojekt haben je so viele Länder aus aller Welt gemeinsam gearbeitet. Und die ISS ist so etwas wie ein wahr gewordener Traum: ein Außenposten der Menschheit im All.

Wenn die ISS einmal komplett sein wird, bedeutet das nicht nur den Höhepunkt einer langen Entwicklung, sondern zugleich den Startschuss für künftige Projekte. Denn die Station ist auch eine Art »Sprungbrett« im All hin zu neuen Horizonten. Will man eines Tages eine bewohnte Mondbasis errichten oder sogar zum Mars fliegen, kann man auf der ISS wichtige Erfahrungen sammeln: Wie übersteht der Mensch Langzeitaufenthalte im All? Kann man an Bord Pflanzen züchten, um nicht unzählige Tonnen Nahrung mitnehmen zu müssen? Wie geht man am sparsamsten mit Wasser und Luft um? Dabei lernt man auch vieles, was man auf der Erde nutzen kann.

➼ Der **AUFBAU** der Internationalen Raumstation, kurz ISS *(International Space Station)* geht nur in Etappen voran und braucht Zeit. Die einzelnen Module, die aus verschiedenen Ländern stammen, müssen Stück für Stück ins All gebracht und dann dort montiert werden. Module, das sind mit Luft gefüllte Röhren, die als Labors, Lager oder Aufenthaltsräume dienen. Das russische Modul Zarja wurde 1998 als erstes Element der ISS gestartet. Es folgte einer der Verbindungsknoten, Unity. Dann kam Swesda, ein zweites russisches Modul, das der Crew als Wohnraum dient und mehrere Schlafkabinen, eine Bordküche mit Esstisch sowie eine Toilette umfasst. Außerdem ist Swesda als Kommandozentrale mit Bordcomputern und Steuerungseinheiten so etwas wie das »Gehirn« der Station. Das US-Modul Destiny ist ein Forschungslabor – wie das europäische Columbus-Labor und das japanische Modul Kibo.

EIN PARADIES FÜR WISSENSCHAFTLER

← ← Ein Experiment mit Pflanzen, die auf der ISS in Schwerelosigkeit wachsen. Durch solche Versuche fand man endlich heraus, wie Pflanzen mit ihren Zellen überhaupt Schwerkraft wahrnehmen.

← Mikroskopische Aufnahme eines Metalls, das in der Schwerelosigkeit zuerst erhitzt wurde und schmolz und später beim Abkühlen wieder erstarrt ist

Viele Wissenschaftler nutzen die ➥ SCHWERELOSIGKEIT für Experimente. Biologen interessiert zum Beispiel, in welche Richtung Pflanzen wachsen oder wie Spinnen ihr Netz weben, wenn die Schwerkraft fehlt. Materialwissenschaftler wollen die Methoden verbessern, mit denen man neue Werkstoffe herstellt. Oft ist es nötig, einen Versuch auch am Erdboden durchzuführen. Denn erst wenn man dasselbe Experiment einmal mit und einmal ohne Schwerkraft gemacht hat, erkennt man die Unterschiede und kann daraus ableiten, welchen Einfluss die Schwerkraft am Boden auf den Versuchsablauf hat.

Auch für medizinische Untersuchungen bietet die Schwerelosigkeit gute Bedingungen: Alle Astronauten werden im Weltraum »krank«. Ihr Immunsystem wird geschwächt, die Knochen bauen Kalzium ab, und das Herz-Kreislauf-System muss sich anpassen. Für die Mediziner ist das alles äußerst interessant, denn die Astronauten waren vor dem Start ja noch kerngesund – sonst hätten sie nie ins All fliegen dürfen –, und sie erholen sich nach der Landung auch wieder schnell. So lassen sich die Entstehung dieser Krankheitssymptome und später ihr Abklingen beobachten, indem man die Untersuchungsergebnisse vor dem Start, während des Fluges und nach der Landung miteinander vergleicht. Daraus werden auch wertvolle Erkenntnisse für die Behandlung von Patienten auf der Erde gewonnen.

➥ In nur knapp 400 Kilometern Höhe umkreist die ISS die Erde. Wie kann da SCHWERELOSIGKEIT herrschen, wenn die Erdanziehung sogar den tausendmal weiter entfernten Mond auf seiner Bahn hält? Tatsächlich befindet sich die Raumstation noch ganz im Schwerefeld der Erde, bewegt sich aber gewissermaßen im freien Fall um sie herum. Während ein Körper normalerweise aufgrund der Schwerkraft nach einem freien Fall auf dem Boden aufschlägt, bleibt die ISS jedoch in der Umlaufbahn, weil sie genau so schnell fliegt, dass sich die Erdanziehung und die Fliehkraft der Kreisbewegung die Waage halten. Doch man muss sich gar nicht von der Erde entfernen, um schwerelos zu sein. Schon wenn man auf einem Trampolin in die Höhe springt, befindet man sich im »freien Fall«, das heißt, man ist schwerelos und wiegt nichts – egal, ob man nach oben oder nach unten »fällt«. Im Shuttle tritt dieser Zustand ein, sobald die Motoren abgeschaltet werden.

EINE HIGH-TECH-WELT IM ALL

←← Das Columbus-Labor wurde bei der Firma EADS in Bremen montiert (Bild: Kurt Henseler, EADS).

← Künstlerische Darstellung des neuen automatischen Frachttransporters ATV

Die ISS ist eine kleine Welt für sich, in der äußerst sparsam mit allen Ressourcen umgegangen werden muss. Strom wird durch Solarzellen erzeugt, die Atemluft mit Filtern gereinigt – und dieser Luft wird sogar die Feuchtigkeit entzogen, welche die Astronauten beim Atmen und Schwitzen ausscheiden. Daraus wird wieder neues Wasser gewonnen.

Auch das europäische Labor Columbus ist vollgestopft mit modernsten Versuchsanlagen: einer Handschuh-Box zum Hantieren mit bestimmten Proben, einem Biolabor, Öfen für materialwissenschaftliche Experimente, einer Mini-Diagnoseeinheit für medizinische Untersuchungen und vielem mehr.

Neben Columbus ist ▶▶ **ATV** *(Automated Transfer Vehicle)* der wichtigste Beitrag Europas zur ISS. ATV ist ein automatisches Raumschiff, das die Crew der ISS mit Lebensmitteln und neuen Geräten für die Forschung versorgt. Seinen Weg findet der unbemannte Transporter allein: Er verfügt über Lasersensoren und ein Videometer, das beim Anflug Bilder der Station aufnimmt, die der Bordcomputer dann mit gespeicherten Aufnahmen vergleicht. So erkennt ATV die ISS wieder und fliegt sie selbständig an. Nach dem Entladen wird ATV mit Müll vollgepackt und auf eine sehr steile Bahn in Richtung Erde gelenkt, so dass er in der Atmosphäre verglüht.

→ Die ISS

↘ Das europäische Labor Columbus. Die Lücke in der Außenwand, durch die man auf dieser Grafik ins Innere schauen kann, gibt es natürlich in der Realität nicht.

↘↘ Den Blick ins All und auf die Erde können die Astronauten durch eine Glaskuppel genießen, die »Cupola« heißt und in Italien gebaut wurde. Doch die ISS hat natürlich auch andere, wenn auch viel kleinere Fenster, die wie die Bullaugen eines Schiffes aussehen.

▶▶ **Wenn ATV an die ISS andockt**, befinden sich immer noch mehrere Tonnen Treibstoff in seinen Tanks, die für ein wichtiges Manöver gebraucht werden: das Anheben der Raumstation. Die ISS verliert nämlich ständig an Höhe. Das liegt an der Rest-Atmosphäre: Selbst hier oben in 400 Kilometern Höhe gibt es noch vereinzelte Atome, an denen sich die Station reibt und die sie abbremsen. Mit seinen Treibstoffreserven und Steuerdüsen »hebt« ATV die Station daher regelmäßig auf die höhere Bahn zurück – das hatten zuvor nur die russischen Raumtransporter gekonnt.

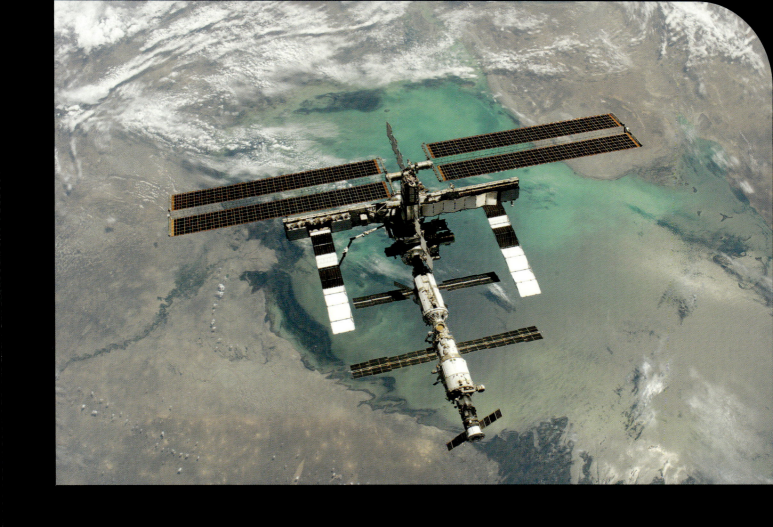
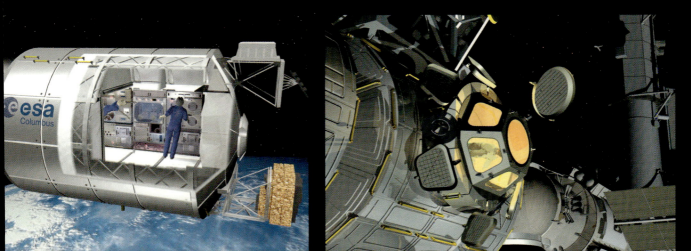

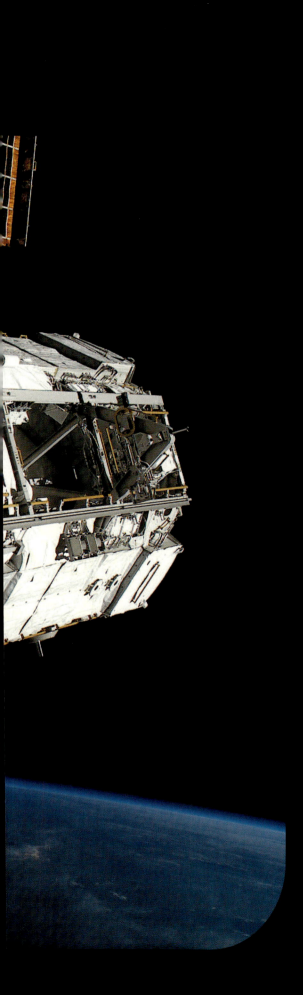
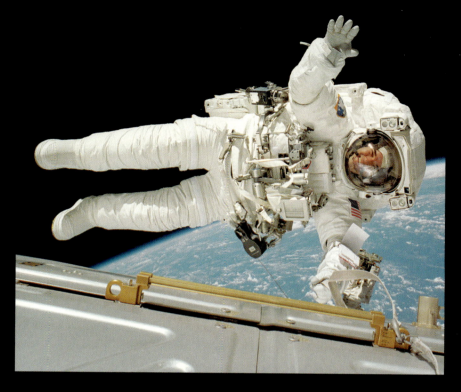

↑ Der amerikanische Astronaut Rex Walheim winkt in die Kamera, bevor er an der Außenhülle eines ISS-Moduls weiterarbeitet.

← Zwei Astronauten beim Außenbordeinsatz. Immer wieder sind solche Weltraumspaziergänge nötig, bis die ISS komplett aufgebaut ist.

02 VON START BIS LANDUNG: MIT ASTRONAUTEN INS ALL

↖ Weltraumspaziergänge gehören zu den spektakulärsten Aktionen während eines Raumfluges. Das Bild zeigt den NASA-Astronauten Bruce McCandless im Februar 1984 beim ersten Spacewalk ohne Sicherheits-leine. Stattdessen trägt er einen »Rucksack« mit mehreren Steuerdüsen, der es dem Astronauten erlaubt, seine Flugrichtung selbständig zu kontrollieren und jederzeit zum Raumschiff zurückzufliegen.

→ Eine Shuttle-Crew auf dem Weg zum Start. Der Astronaut hinten links ist Philippe Perrin, der 2002 im Auftrag der französischen Raumfahrtagentur CNES ins All flog.

Wie erleben Astronauten den Flug ins All? Wie fühlen sich die Beschleunigung beim Start und dann die Schwerelosigkeit in der Umlaufbahn an? Auf den folgenden Seiten begleiten wir Astronauten auf ihrer Reise in den Weltraum – vom intensiven Training und dem Start über das Andocken an die Raumstation ISS und die Arbeit in der Umlaufbahn bis hin zum Rückflug und zur Landung auf der Erde.

Mehr als 20 Astronauten berichten aus ihrem ungewöhnlichen Alltag: über das Essen an Bord und darüber, wie sich der Geschmackssinn verändert, von Problemen beim Schlafen und von der berauschend schönen Aussicht auf die Erde, die mal über und mal unter ihnen auftaucht.

Wir erfahren, warum das Training unter Wasser so wichtig ist, weshalb man den Start nur gesund übersteht, wenn man liegend und mit den Füßen voran ins All fliegt, und wie eine Crew bei einem dramatischen Notfall an Bord erfolgreich gegen Flammen und Rauch ums Überleben gekämpft hat. Also: Anschnallen und umblättern!

DIE AUSBILDUNG: ÜBER UND UNTER WASSER

Eine mehrjährige intensive Ausbildung ist nötig, bevor Raumfahrer erstmals ins All fliegen können. Zunächst gilt es vor allem, jede Menge Theorie zu studieren. Kommandanten, Piloten und Bordingenieure, die für die Steuerung und den Betrieb von Kapseln, Fähren und Stationen zuständig sind, müssen über ein großes technisches Wissen verfügen und fast jede Schraube ihres Raumschiffs kennen. Wissenschaftsastronauten dagegen benötigen vor allem exzellente naturwissenschaftliche Kenntnisse.

Praktische Fähigkeiten erlernen die zukünftigen Raumfahrer bei zahlreichen ➡ TRAININGS-EINHEITEN – zum Beispiel in Simulatoren oder auch unter Wasser, wo man Außenbordeinsätze vorbereitet. Jede dieser Übungen stellt aber immer nur einen bestimmten Aspekt der Situation dar, die den Astronauten im All erwartet. Unter Wasser ist man quasi schwerelos, kann jedoch nicht die Bedienung wissenschaftlicher Versuchsanlagen üben. Umgekehrt lässt sich in Simulatoren jeder Handgriff bis ins Kleinste einstudieren, doch fehlt dort wiederum die Schwerelosigkeit. Das Training gleicht so einem Puzzle aus vielen Einzelteilen, die erst beim Flug in den Weltraum zu einem ganzen Bild zusammengesetzt werden. Dennoch gilt es, den Astronauten so gut vorzubereiten, dass er sich schon bei seiner ersten Mission ins All wie ein erfahrener Raumfahrer verhält.

↑ Spezielle Becken mit Unterwassermodellen der verschiedenen Elemente der ISS gibt es im NASA-Zentrum in der Stadt Houston in Texas (USA) ebenso wie in der Nähe von Moskau und im Trainingszentrum der Europäischen Weltraumorganisation ESA in Köln. Hier sind André Kuipers (links) aus den Niederlanden und Frank De Winne (rechts) aus Belgien, von Hilfstauchern begleitet, zu sehen.

Das russische Ausbildungszentrum bei Moskau ist allgemein unter dem schönen Namen »Sternenstädtchen« bekannt. Die amerikanische NASA schult ihre Astronauten vor allem in Houston. Europas Astronauten sind in Köln stationiert, trainieren aber auch mit den Partnern in den USA und in Russland. Außerdem werden Raumfahrer in China, Japan und Kanada ausgebildet. Die Trainingszentren sind somit Teil eines weltweiten Netzes von Raumfahrtstandorten, zu dem auch Kontrollräume, Startplätze, Prüfstände und viele Industriefirmen gehören.

↓ Unterwassertraining in Russland: Wer am Kran in die Tiefe gelassen wird, muss absolutes Vertrauen in die Techniker und Hilfstaucher haben, die hier bereits im Becken warten.

CHRISTER FUGLESANG, erster Astronaut aus Schweden, ist im Dezember 2006 mit einem Shuttle zur ISS geflogen. Er absolvierte drei äußerst schwierige Außenbordeinsätze.

»Beim Unterwassertraining üben wir Weltraumspaziergänge oder wie wir sagen EVAs. Die Abkürzung steht für *Extra-vehicular Activities*, also Arbeiten außerhalb des Raumschiffs oder der Station. Im Wasser befindet man sich in einer Art Schwerelosigkeit. Man trägt eine wasserfeste Version des Raumanzugs, der auch für die Atemluft sorgt, und wird mit Gewichten so ausbalanciert, dass man weder nach unten sinkt noch nach oben aufsteigt.

Im NASA-Zentrum in Houston gibt es einen großen Tauchtank mit zwölf Metern Tiefe. Darin befinden sich Unterwassermodelle vieler Elemente der Internationalen Raumstation in Originalgröße. Fast die ganze ISS steht hier im Wasser! Man kann so alle Aufgaben üben, die man später außerhalb der Station ausführen muss. In dem relativ sperrigen und steifen Anzug kann man sich nur langsam bewegen, wie das ja auch in Schwerelosigkeit der Fall ist. Man braucht Kraft dazu und eine gute Kondition, denn ein solcher Tauchgang dauert – wie der Aufenthalt im All selbst – bis zu sechs Stunden.

Und dann sind da noch viele kleine Dinge, mit denen man ebenfalls umzugehen lernen muss: Zum Beispiel, wenn du das Gefühl hast, gleich niesen zu müssen – mit deinem Kopf im Helm und den Handschuhen an den Händen ist Naseputzen nicht möglich. Egal, was passiert: Du musst dich voll auf deine Arbeit konzentrieren.«

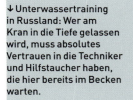

▶▶ Welche **TRAININGSEINHEITEN** müssen Astronauten im Einzelnen absolvieren? In erster Linie gehören dazu die Einübung der wissenschaftlichen Versuche, Tauch- und Flugtraining, Sport für die körperliche Fitness, Tests in Zentrifugen, auf Drehstühlen und anderen Geräten zur Vorbereitung auf die verschiedenen Flugphasen und Parabelflüge mit Spezialflugzeugen, die kurzzeitig Schwerelosigkeit ermöglichen. Sehr viel Zeit wird auf das Training in Simulatoren verwendet. Auch das Theoriestudium ist sehr wichtig. Und schließlich sind gute Sprachkenntnisse – vor allem Englisch und Russisch – erforderlich.

FLUGTRAINING: AN DEN STRESS GEWÖHNEN

↑ Vorstufe auf dem Weg in den Weltraum: Viele Trainingsstunden in der Luft sind Pflicht.

Im All üben Raumfahrer je nach ihrer Ausbildung und Spezialisierung unterschiedliche Aktivitäten aus: Wissenschaftsastronauten führen Experimente durch, Bordingenieure kümmern sich um die technischen Abläufe, Piloten steuern den Shuttle oder das Sojus-Raumschiff vom Cockpit aus, und Kommandanten sind für den gesamten Flug verantwortlich und haben an Bord in sämtlichen Fragen das letzte Wort.

Sie alle – und nicht nur die späteren Piloten – müssen ein ausgiebiges Flugtraining durchlaufen und immer wieder mit Düsenjets in die Lüfte steigen. Denn im Cockpit eines Flugzeuges lernt der Pilot mehr als nur Fliegen: Verschiedene Instrumente und Geräte müssen gleichzeitig überwacht und bedient werden, wobei die Tatsache, dass man mit hoher Geschwindigkeit und in großer Höhe unterwegs ist, immer für einen gewissen Stress sorgt.

Anders als im Simulator kann man sich keine gravierenden Fehler leisten. Das fördert die Konzentration und hilft so allen Astronauten unabhängig von ihren genauen Aufgaben während des späteren Aufenthalts im Weltraum. Und natürlich ist das Fliegen mit Flugzeugen gewissermaßen die Vorstufe für den Flug in die Umlaufbahn. Dass man diesen gewaltigen Schritt ins All nicht ohne Flugerfahrung machen sollte, versteht sich von selbst.

Eine besondere Trainingseinheit sind die Parabelflüge. Dabei sind die Astronauten nur Passagiere im Innenraum großer Flugzeuge, deren Sitze ausgebaut wurden – stattdessen liegen dicke Matten auf dem Boden. Das Spezialflugzeug steigt zunächst steil nach oben. Dann lässt der Pilot die Maschine nach vorne »kippen«: Wie auf dem höchsten Punkt einer Achterbahn werden die Insassen hochgehoben. Und dann, nur von der Erde angezogen, fällt das Flugzeug antriebslos in die Tiefe, und die Passagiere fallen mit. Da sie genauso schnell wie das Flugzeug in die Tiefe stürzen, kommt es ihnen so vor, als ob sie im Innern des Flugzeuges schweben. Nach rund 20 Sekunden Schwerelosigkeit muss der Pilot die Maschine wieder abfangen und nach oben ziehen. Im »Tal« der Flugbahn sind die Insassen dann schwerer als gewöhnlich. Für den Organismus ist das eine große Belastung – vor allem wenn das Rauf und Runter oft wiederholt wird.

↓ Satoshi Furukawa, Akihiko Hoshide und Naoko Yamazaki (von links nach rechts) aus Japan erleben während eines Parabelfluges die Schwerelosigkeit.

KLAUS-DIETRICH FLADE flog 1992 als erster Deutscher zur russischen Station MIR. Das Foto zeigt ihn nach der Landung. Heute arbeitet er als Testpilot beim Flugzeughersteller Airbus.

»Das Flugtraining ist ein ganz grundlegender Teil der Ausbildung. Man muss sich einfach daran gewöhnen zu fliegen – so simpel das klingen mag. Das Gefühl, in die Luft aufzusteigen, muss so normal wie möglich werden. Bald wird man ins Cockpit einer Maschine klettern, als ob man sich aufs Fahrrad oder ins Auto setzt. Das braucht Übung und eine Gewöhnung an das Medium Luft. Denn das Flugtraining in Düsenjets ist etwas anderes als die Ausbildung im Simulator.

Schließlich fliegst du wirklich – und manchmal auch recht schnell. Du lernst, die Instrumente abzulesen und zu bedienen, auch wenn es dich in Turbulenzen ziemlich durchschüttelt oder die Beschleunigung an dir zerrt. Und du lernst, in kritischen Situationen richtig zu reagieren. Erst kurz durchatmen, um den Puls zu beruhigen, dann die Fehlermeldung noch einmal überprüfen: Welches Problem hast du da genau vor dir? Wie sieht die Lösung für dieses Problem aus? Welche technischen Anweisungen gibt es für einen solchen Fall?

Du stellst dich in deinem ganzen Denken und Verhalten darauf ein, dass man ein Flugzeug eben nicht einfach am Straßenrand parken kann, wenn etwas Unvorhergesehenes passiert, sondern das Problem während des Fluges schnell und zuverlässig analysiert und gelöst werden muss. Das Pilotentraining schult diese Abläufe und deine mentale Stärke, Konzentration und Kraft. Dabei lernt man auch, mit Angst umzugehen. Mit dem wachsenden Kenntnisstand und Selbstbewusstsein wird diese Angst immer kleiner, und im besten Fall verschwindet sie ganz. Das hilft später im Weltraum enorm, und zwar in allen Phasen eines Raumfluges. Aber auch im alltäglichen Leben lässt dich dieses erworbene Selbstwertgefühl beherzter die richtigen Entscheidungen treffen.«

NOTFALLTRAINING: NICHT NUR SIMULIERT

Raumfahrer müssen auch in kritischen Momenten einen kühlen Kopf bewahren. Daher nimmt das Notfalltraining breiten Raum im Stundenplan ein – von der Evakuierung des Shuttles an der Startrampe bis zum Simulatortraining an originalgetreuen Modellen.

Bei einigen dieser Simulationen werden ganze Abschnitte eines Fluges trainiert, wobei die Raumfahrer im Simulator Platz nehmen und auch die Kontrollzentren besetzt und per Funk mit ihnen verbunden sind. Die Crew wird dann mit allen möglichen Pannen und Problemen konfrontiert, auf die sie schnell reagieren muss. All diese Fehler sind natürlich nur erfunden, um die Astronauten herauszufordern, so dass sie auch komplizierte Situationen zu meistern lernen.

Manchmal kann das Notfalltraining auch richtig hart sein und alles andere als simuliert: In Russland hat jede Crew – bestehend aus drei Raumfahrern, die dann später zusammen in einer Kapsel ins All fliegen werden – ein Überlebenstraining zu absolvieren. Für den Fall einer Landung der Kapsel abseits des Zielgebietes muss die Mannschaft in der Lage sein, einige Zeit in der Wildnis oder auch auf dem Meer zu überstehen.

↑ Der Amerikaner Scott Parazynski (rechts) und sein spanischer Kollege Pedro Duque nach einer Notfallübung bei der die Evakuierung des Shuttles trainiert wird. Hier seilt man sich mit einem Rettungskorb aus vielen Metern Höhe von der Spitze der Raumfähre ab.

→→ Überlebenstraining auf See. Die Crew-Mitglieder springen aus der Kapsel.

Die russische Sojus-Landekapsel geht normalerweise, von Fallschirmen abgebremst, in einem vorher festgelegten Zielgebiet nieder, wo bereits Hubschrauber kreisen, um die Crew sogleich in Empfang zu nehmen. Doch die Kapsel ist so konstruiert, dass sie theoretisch weltweit überall landen kann, falls die vorgesehene Stelle verfehlt wird. Ein solches Missgeschick ereignete sich zum Beispiel beim Flug von Alexeij Leonow im Jahr 1965: Nachdem der russische Kosmonaut den ersten Weltraumspaziergang der Geschichte nur knapp überlebt hatte, musste er mit einem Kollegen an Bord die Landung per Handsteuerung einleiten, da die Automatik versagte. So setzte die Kapsel in einem Waldgebiet über 2000 Kilometer vom geplanten Landeort entfernt auf. Erst zwei Tage später konnten die Raumfahrer geborgen werden.

FRANK DE WINNE sitzt am Lagerfeuer in der russischen Steppe und wartet auf das Ende des Überlebenstrainings. Der belgische Astronaut flog 2002 zur ISS.

»Das Schlimmste beim Überlebenstraining war die Kälte. Du kannst kaum schlafen, obwohl du todmüde bist. Nachts musst du aus dem Zelt raus, Wache halten und aufpassen, dass das Feuer nicht ausgeht. Drei Tage und drei Nächte lang saßen wir so in der Einsamkeit irgendwo in der verschneiten Steppe.

Nicht weniger anstrengend ist das Überlebenstraining auf See: Das findet zwar im Schwarzen Meer statt, wo es angenehm warm ist, doch es wird simuliert, dass man versehentlich hoch im Norden in eiskalten Gewässern gelandet ist. Deshalb muss man trotz der Hitze dicke Schutzkleidung anziehen. Und das in der engen Kapsel, wo man ohnehin kaum Platz hat. Zusätzlich schaukelt es wegen der Wellen – und wenn die See an dem Tag ruhig ist, schaukeln die Hilfsmannschaften die Kapsel hin und her, um Wellen zu simulieren. Du wirst dabei unweigerlich seekrank und fühlst dich schlecht.

Das waren die Momente in meiner Ausbildung, wo ich gedacht habe: Warum tust du dir das an? Warum hast du keinen anderen Beruf gelernt? Aber im Ernst: Glücklicherweise hatte ich eine großartige Crew, und wir haben uns gegenseitig sehr geholfen. Dadurch sind enge Freundschaften entstanden. Und natürlich entschädigt dann die Mission selbst und der unglaubliche Blick auf unsere wunderschöne und zugleich so verletzlich wirkende Erde für alles.«

↓ Frank De Winne zeigt den Rettungskräften mit Signalleuchten die Position der Crew an.

DIE LETZTEN TAGE AUF DER ERDE

↑ Auf einer gigantischen fahrbaren Plattform wird eine Raumfähre zur Startrampe gerollt.

Wenn der ▶▶ **STARTTERMIN** näher kommt, ziehen die Astronauten oder Kosmonauten zum Startplatz um. In den USA ist dies das Kennedy Space Center in Florida, bei den Russen der Weltraumbahnhof Baikonur in Kasachstan. Dort begibt sich die Crew in Quarantäne, das heißt, sie wird von der Außenwelt abgeschottet. Man will damit vermeiden, dass ein Raumfahrer sich in letzter Minute mit einer Krankheit ansteckt – und sei es nur ein Schnupfen. Denn in der Schwerelosigkeit lassen die Abwehrkräfte des Körpers nach, so dass schon eine Erkältung zu einem ernsthaften Problem werden kann.

In den Tagen vor dem Start werden Astronauten intensiv untersucht: Die Ärzte wollen die Blutwerte und andere Daten, die man während der medizinischen Versuche im All sammeln wird, später mit den Werten vergleichen können, die der einzelne Astronaut normalerweise aufweist. Nur dieser Vergleich der unterschiedlichen Ergebnisse aus der Zeit im All und auf der Erde zeigt, welche Wirkung die Schwerelosigkeit auf den Organismus hat. Und erst das erlaubt umgekehrt Rückschlüsse darauf, wie unser Körper auf der Erde durch die Schwerkraft beeinflusst wird. Besonders die Wissenschaftsastronauten, die im All Experimente durchführen müssen, werden in den Tagen vor dem Start mit Spritzen

↑ In den Tagen vor dem Start herrscht in den Kontrollzentren Hochbetrieb.

↓ Der Shuttle steht an der Startrampe. Das riesige Stahlgerüst ist noch mit der Raumfähre verbunden, um den Technikern und dann am Starttag auch der Crew selbst den Zugang zu ermöglichen.

UMBERTO GUIDONI nahm 1996 an einer Shuttle-Mission teil. Im April 2001 flog er – wieder mit einer Raumfähre – in Zusammenarbeit mit der italienischen Raumfahrtagentur ASI als erster Westeuropäer zur ISS.

»Eine Woche vor dem Start zog ich in das Crew-Quartier um. Nur Ärzte und Betreuer sowie einige Familienmitglieder, die vorher medizinisch untersucht wurden, dürfen hier in Kontakt mit der Crew treten. Kinder unter 14 Jahren werden jedoch nicht zugelassen. Sie könnten sich im Kindergarten oder in der Schule unbemerkt mit einer Infektionskrankheit angesteckt haben.

In den folgenden Tagen konzentriert man sich auf die bevorstehenden Aufgaben und hält sich körperlich fit. Ansonsten hat man nach dem intensiven Training der Wochen und Monate zuvor endlich etwas freie Zeit. Man kann sich in sein Zimmer zurückziehen oder sich im Wohnzimmer mit den Kollegen Filme ansehen. Der Schlafrhythmus wird allmählich auf den Flug umgestellt. Bei meiner ersten Mission arbeiteten wir in zwei Zwölf-Stunden-Schichten rund um die Uhr. Daher gingen einige von uns bereits während der Quarantäne jeden Tag etwas früher ins Bett, so dass sie nach dem Start sofort im richtigen Rhythmus waren.

Zwei Tage vor jedem Start findet ein Grillabend statt, an dem die Crew-Mitglieder ihre Ehefrauen oder -männer ein letztes Mal vor dem Flug treffen. Danach fahren alle zusammen ganz nah an die Startrampe, wo ein paar weitere Verwandte warten: Da stehst du mit deiner Crew auf der einen Seite dieser breiten Straße, auf der zuvor der Shuttle zur Rampe gebracht worden ist, und deine Familie und auch die kleineren Kinder viele Meter entfernt auf der anderen. Bei meinem ersten Flug war das nicht ganz leicht: Es war der vierte Geburtstag unseres Sohnes. Wir winkten uns zu, durften uns aber nicht mehr umarmen. Dann fuhr ich mit meiner Crew zurück in unsere Unterkunft: für die letzte Nacht auf der Erde.«

Der ▶▶ **STARTTERMIN** richtet sich nach dem Missionsziel. Bei Flügen zur ISS kommt es darauf an, wann die nächste Crew zur Ablösung an Bord eintreffen muss. Bei Sojus-Flügen gibt es die Besonderheit, dass die alte Kapsel, die an die ISS angedockt ist und im Ernstfall als »Rettungsboot« dient, nach spätestens sechs Monaten ausgetauscht werden muss. Sie wird dann zur Rückkehr der bisherigen Crew genutzt, und die neue Kapsel nimmt ihren Platz ein. Das »Startfenster« ist der Zeitrahmen am Starttag selbst. Flüge zur ISS müssen gestartet werden, wenn sich die Station in der Umlaufbahn genau an der richtigen Stelle befindet.

Shuttle-Starts erfordern zudem an mehreren Notlandeplätzen Tageslicht. So sind am vorgesehenen Starttag manchmal nur einige Minuten lang alle Bedingungen erfüllt. Spielt gerade dann das Wetter nicht mit, muss man warten, bis sich am nächsten Tag ein neues Startfenster »öffnet«.

↑ Auf dem Weltraumbahnhof Baikonur in Kasachstan wird eine russische Sojus-Rakete am frühen Morgen mit einem Zug zum Startplatz gebracht.

→ Wenig später wird die Sojus-Rakete aufgerichtet. Dann erst wird sie betankt.

→ → Die Nacht vor dem Start: Die gewaltigen Stahlarme halten die Sojus-Rakete in Position. Erst kurz vor dem Abheben werden sie seitlich weggeklappt und geben so die Rakete frei.

DER TAG X: DIE STUNDEN VOR DEM START

Ungefähr zwei Stunden vor dem Ende des ➡ COUNTDOWNS und damit dem Abheben der Raumfähre oder Rakete mit Kapsel nimmt die Crew ihre Plätze ein. Zuvor haben die Raumfahrer noch einmal gefrühstückt. Dann sind sie angekleidet worden: Bei Starts in den USA tragen sie die roten *Launch and Entry Suits*, in Russland sogenannte Skaphander. In beiden Fällen schützt die Spezialkleidung samt Helm vor einem plötzlichen Druckabfall in der Kabine.

Schließlich geht es im Bus zur Startrampe. Ein Aufzug führt in die Höhe bis zur Einstiegsluke. Erfahrenes Personal hilft den Raumfahrern ins Cockpit und beim Anschnallen. Dann wird die Luke geschlossen. Ab jetzt steht die Crew nur noch per Funk in Kontakt mit der Außenwelt. Zusammen mit den Experten in den Kontrollzentren geht die Besatzung alle Daten und Systeme noch einmal durch. Alle Anzeigen werden geprüft, Knöpfe gedrückt, Hebel umgelegt, Listen verglichen. Schon oft hat man diese Abläufe im Simulator durchgespielt – doch jetzt sind sie Realität.

Erst wenn alle Systeme einwandfrei arbeiten, erteilt das Kontrollzentrum die Startfreigabe. Über Kopfhörer wird die Crew über alle Vorgänge informiert. Dennoch steigt die Spannung in diesen letzten Minuten – bis der Countdown bei Null und damit beim Kommando für den Start angekommen ist.

↖ Der *walk-out* am Kennedy Space Center: Die Crew verlässt das Gebäude, in dem sie sich vorbereitet hat, und fährt mit dem silbern glänzenden »Astro-Van« zum Shuttle, der an der Startrampe auf die Passagiere wartet. Links hinten winkt der Franzose Jean-François Clervoy in die Kameras.

Traditionen spielen in der Raumfahrt eine große Rolle: So beginnt der Starttag für alle Astronauten, die mit dem Shuttle ins All fliegen, seit den ersten Flügen stets mit einem üppigen Frühstück. Jeder kann sich bestellen, was ihm schmeckt. Dazu gibt es die berühmte Torte: Sie wird für jeden Flug anders gestaltet und zeigt als Verzierung das Logo der jeweiligen Mission. In Russland ist es üblich, dass Kosmonauten nach dem Aufstehen ihre Unterschrift auf die Zimmertür schreiben, bevor sie das Quartier verlassen und zum Start fahren. Nach dem Andocken an die Station MIR bekamen die Neuankömmlinge Salz und Brot gereicht – so werden in Russland Gäste begrüßt. Und nach ihrer Rückkehr pflanzen die Heimkehrer in der Allee der Kosmonauten nahe dem Weltraumbahnhof Baikonur einen Baum.

JEAN-FRANÇOIS CLERVOY hält sich im Shuttle mit einem Fahrrad-Ergometer fit, da die Muskeln sonst schnell abbauen – denn sie werden ja in Schwerelosigkeit kaum belastet. Der Franzose war dreimal im All.

»Um gut auf den Start vorbereitet zu sein, haben wir 14 Tage vorher alles schon einmal in einem großen Test durchgespielt: Frühstück, Anziehen, die Fahrt zum Shuttle, das Einsteigen ins Cockpit. Nur wird dann ein Startabbruch simuliert, und wir müssen schnell aus der Raumfähre aussteigen. Durch diese Übung weißt du genau, was dich erwartet. Trotzdem: Es ist beeindruckend, schließlich vor dem Shuttle zu stehen, der voll betankt und zum Start bereit ist. Du siehst Dampf vom flüssigen Treibstoff aufsteigen, hörst Geräusche – ein richtiges Knacken und Krachen. Und du denkst: ›Wow, das Ding lebt. Jetzt geht's wirklich los!‹

In diesen letzten Minuten vor dem Start steigt die Nervosität natürlich an. Da hat jeder seine Art, damit klarzukommen. Ich habe dann immer an die Simulationen gedacht: Du hast das alles ja schon oft trainiert und dir dabei immer vorgestellt, es handle sich um den echten Start. Gut, im Simulator machst du zwar am Anfang viele Fehler, so dass du ein paar Mal sogar ›stirbst‹. Aber man lernt daraus und wird immer besser. Doch jetzt ist es ernst: Du sitzt tatsächlich im Shuttle und wartest darauf, dass er abhebt. Nun musst du den Spieß einfach umdrehen: Du stellst dir vor, du würdest nur im Simulator sitzen. Das beruhigt den Puls.«

➡ Der **COUNTDOWN** für den Shuttle beginnt drei Tage vor dem Starttermin. Immer wieder sind planmäßige *holds,* also Unterbrechungen, eingebaut, zu denen die Uhr angehalten wird. Diese Pausen können genutzt werden, um Probleme, die während der Countdownphase aufgetreten sind, zu beheben: Vielleicht hat sich die Cockpit-Tür nicht auf Anhieb verriegeln lassen oder ein Test hat nicht das gewünschte Ergebnis gehabt und muss wiederholt werden. Der Zeitpunkt des Starts wird mit »T« bezeichnet. Davor wird negativ gezählt: T minus 10 Sekunden bedeutet also zehn Sekunden vor dem Start. Ab dem Start läuft die Uhr positiv: T plus 8 Stunden steht für acht Stunden nach dem Lift-off.

AM ENDE DES COUNTDOWNS: LIFT-OFF!

Wer einmal einen Shuttle oder eine Sojus-Rakete hat starten sehen, wird dieses Erlebnis nicht vergessen. Riesige Rauchwolken steigen auf, ein gewaltiger Lärm entsteht, man spürt die ungeheure ▶▶ **ENERGIE**, die alles im näheren Umfeld erzittern lässt.

Astronauten berichten jedoch, im Cockpit sei dies alles viel weniger spektakulär: Von dem Lärm, der außen weithin hörbar ist, bekommt man dort oben wenig mit, zumal Kopfhörer und gepolsterte Helme den Schall zusätzlich dämpfen. Und auch das Spektakel von Feuer und Dampf entgeht der Crew. Aber natürlich spürt sie kurz vor dem Abheben das starke Vibrieren der Triebwerke und weiß, dass der große Moment gekommen ist.

Bis zu sieben Astronauten passen in einen Shuttle. Das Sojus-Raumschiff verfügt dagegen nur über drei Sitze, die sehr eng nebeneinander angeordnet sind. Schulter an Schulter sitzen die Raumfahrer in dieser Kapsel, die kaum größer als ein Altglascontainer ist. Nach der eigentlichen Start- und Aufstiegsphase können sie dann aber in einen geräumigeren Teil des Raumschiffs wechseln.

↑ Start eines Shuttles. Hinter der Raumfähre selbst ist der rotbraune Tank zu sehen, der mit flüssigem Sauerstoff und Wasserstoff gefüllt ist. Damit werden die drei Haupttriebwerke am unteren Ende der Raumfähre gespeist, die hier vom aufsteigenden Dampf verdeckt sind. An der Seite des Tanks erkennt man deutlich die beiden hellen Feststoffraketen, die mit festen Substanzen betrieben werden.

ULRICH WALTER flog im April 1993 mit dem Shuttle ins All. Während des Fluges wurden mehr als 90 Experimente durchgeführt.

↓ Eine Sojus-Rakete hebt im Weltraumbahnhof Baikonur ab.

»Die Luke wird geschlossen, und du liegst in deinem Sitz an der Spitze der Raumfähre mit den Füßen schräg nach oben – fast wie in einem Liegestuhl. Kopfhörer und Helm lassen kaum noch Geräusche an dich heran – außer natürlich dem Funkverkehr mit dem Kontrollzentrum. So ist man recht entspannt, auch wenn der Start unmittelbar bevorsteht.

Der Shuttle schwankt ein wenig hin und her, wenn sechs Sekunden vor dem Abheben die Haupttriebwerke zünden. Die Raumfähre entwickelt dann Schub, wird aber noch am Boden gehalten. In den nächsten drei Sekunden prüfen die Computer, ob die Triebwerke korrekt arbeiten. Nur dann zünden am Ende des Countdowns die beiden Feststoffraketen, und der Shuttle hebt ab. Einmal gezündet, sind diese sogenannten Booster nicht mehr zu bremsen. Sie brennen rund zwei Minuten lang, dann sind sie leer. Nur so erhält die Raumfähre ausreichend Schub, um in die Umlaufbahn zu gelangen. Doch bei unserer Mission sollte das noch eine Weile dauern. Sechs Sekunden vor dem geplanten Start begannen die Haupttriebwerke wie vorgesehen zu brennen. Wir spürten das Vibrieren. Noch fünf Sekunden, vier, drei, zwei, eine – nichts. Wir wussten: Da stimmt etwas nicht. Kurz darauf erfuhren wir vom Kontrollzentrum: ›Wir haben einen Startabbruch.‹ Eines der drei Triebwerke hatte nicht die volle Leistung gebracht. Wasserfontänen wurden auf die Triebwerke gespritzt, um alles zu kühlen und eine Explosion auszuschließen. Sofort sagte man uns, dass keine Gefahr bestand. Aber wir mussten noch eine halbe Stunde warten, bevor wir durch die Luke wieder hinausklettern konnten.

Nachdem man die Triebwerke gründlich untersucht hatte, gingen wir einen Monat später wieder an den Start. Und diesmal verlief alles nach Plan. Es war ein fantastischer Flug.«

▶▶ Wenn die Triebwerke einer Rakete oder eines Shuttles zünden, läuft darin eine kontrollierte Explosion ab. Die Treibstoffe verbrennen, setzen **ENERGIE** frei und erzeugen dabei einen enormen Druck, der durch die Düsen nach unten entweicht. Dadurch wird die Rakete, dem Rückstoßprinzip folgend, nach oben gedrückt.

Als Treibstoffe dienen beim Shuttle flüssiger Wasser- und Sauerstoff, bei Sojus-Raketen ein Gemisch aus Kerosin – also Flugbenzin – und flüssigem Sauerstoff. Wasserstoff und Sauerstoff sind normalerweise gasförmig, doch wenn man sie sehr weit unter null Grad abkühlt, werden sie flüssig. Die sogenannten Booster sind dagegen Feststoffraketen: Hier sorgen chemische Explosivstoffe für den Schub.

KRITISCHE MOMENTE: DIE ERSTEN SEKUNDEN

Der Start und der Aufstieg gehören zu den kritischsten Flugphasen. Das liegt an der großen Treibstoffmenge, dem enormen ⇢ **SCHUB** sowie der hohen **BESCHLEUNIGUNG** und Geschwindigkeit, die nötig sind, um der Erdanziehung zu entkommen. Für eventuelle Notfälle gibt es verschiedene Pläne:

Die Sojus-Rakete verfügt über eine kleine Zusatzrakete an ihrer Spitze: Sie katapultiert die Kapsel im Ernstfall aus der Gefahrenzone. Das System wurde bisher nur zweimal aktiviert. Bei einem Startversuch im Jahr 1983 war Treibstoff ausgelaufen und hatte sich entzündet. Die Rakete stand schon in Flammen, da sprengte das Notfallsystem die Kapsel ab. Sekunden später explodierte die Rakete. Die Crew landete in der von Fallschirmen abgebremsten Kapsel. In einem anderen Fall war die Rakete fast schon im All, schlug dann aber eine falsche Richtung ein und raste auf die Erde zu. Auch da wurde die Kapsel abgesprengt, und beide Kosmonauten überlebten.

Die Raumfähren, die von Florida aus zunächst über den Atlantik fliegen, können nach dem Start einen der Notlandeplätze in Afrika oder Europa ansteuern. Tritt erst später ein Problem auf, kann der Shuttle nach einer Erdumrundung wieder in den USA landen. Es ist sogar denkbar, dass er im Flug wendet, also mit brennenden Triebwerken voraus fliegt, dadurch stark abbremst und dann in einer Schleife und ohne die Erde zu umrunden zum Kennedy Space Center zurückkehrt.

↑ Ein spektakuläres Foto vom Start einer amerikanischen Raumfähre. Der Shuttle hat auf dem Weg ins All die Wolkendecke durchstoßen. Der Feuerschein der Triebwerke erleuchtet den Himmel.

Nur von wenigen Orten aus wird ins All gestartet: Da ist das Kennedy Space Center der NASA in Florida, umgeben von Stränden und Palmen. Dagegen liegt der russische Weltraumbahnhof Baikonur in der öden Steppe Kasachstans, und auch das neue chinesische Startzentrum befindet sich in einer entlegenen Gegend der Erde: in der Wüste Gobi. Der europäische Startplatz in Französisch-Guayana, von dem bisher nur Satelliten gestartet sind, liegt direkt am Rande des Regenwaldes in Südamerika. Von den Starttürmen aus hört man sogar das Geschrei der Tiere des Dschungels.

↓ Michel Tognini beim Notfalltraining. Im Hintergrund sieht man den Shuttle-Simulator.

MICHEL TOGNINI ist gelernter Testpilot und hat über 4000 Flugstunden in 80 verschiedenen Flugzeugtypen absolviert. Im Weltraum war der französische Astronaut bereits zweimal. Das Foto zeigt ihn im Shuttle-Cockpit. ....

»Wir hatten gerade mit dem Shuttle abgehoben, nachdem die Triebwerke und die beiden Booster an der Seite gezündet hatten, da schlug im Cockpit der ›rote Alarm‹ an – mit lauten Tönen, die dich darauf aufmerksam machen, dass du ein echtes Problem hast. Es zeigte sich schnell, dass wir einen Kurzschluss hatten, in unserer Fachsprache einen *AC1 Phase A Short*. Dadurch fielen die Kontrollsysteme für zwei der drei Haupttriebwerke aus. Wenn in dieser Situation auch noch das Reservesystem für eine dieser beiden Düsen versagt hätte, wäre das betreffende Triebwerk automatisch abgeschaltet worden. Und das in der kritischsten Flugphase! Es war wirklich ernst.

Doch unser Pilot und ich befolgten sofort die Anweisungen des Kontrollzentrums und schalteten zwei Computer aus. Später sind wir dann noch in eine zu niedrige Umlaufbahn eingeschwenkt. Aber wir haben die Probleme gelöst und alles gut überstanden – auch dank des intensiven Trainings: In der letzten Übungseinheit hatten wir genau einen solchen Stromausfall beim Start als Aufgabe gehabt. Das Training besteht ja zu 80 Prozent aus Notfallübungen: zu wenig Sauerstoff in der Kabine, Ausfall eines Triebwerks, hydraulische Störungen – all diese Dinge eben. Denn eine gute Vorbereitung auf Probleme ist für uns Astronauten so etwas wie eine Lebensversicherung.«

➽ **SCHUB** und **BESCHLEUNIGUNG** spielen beim Start eine große Rolle. Wenn ein Raumschiff beschleunigt, wird man wie in einem Auto, das schneller und schneller fährt, in den Sitz gedrückt. Diese Kraft kann man messen. Die Einheit ist »g«, wobei 1 g für die Kraft der Erdanziehung steht. Im Shuttle werden Astronauten bis zu 3 g ausgesetzt. Bei einem Raumfahrer, der 70 Kilo wiegt, würde eine in den Sitz eingebaute Waage dann bis zu 210 Kilo anzeigen. Diese Beschleunigung wird durch die Schubkraft der Triebwerke erzeugt. Der Schub wird in Newton gemessen, aber oft auch in Tonnen angegeben. Um eine Rakete in die Höhe zu bewegen, muss der Schub größer sein als das Gewicht der Rakete. Je mehr der Schub das Gewicht übersteigt, desto mehr beschleunigt die Rakete. So ist die Beschleunigung beim Start am geringsten, da die Rakete dann noch voller Treibstoff und daher am schwersten ist.

START UND AUFSTIEG: ACHT MINUTEN BIS ZUR SCHWERELOSIGKEIT

Während des Abhebens und in den ersten Sekunden danach ist der Druck, mit dem die Astronauten in die Sitze gepresst werden, nicht einmal sehr stark. Denn die Rakete oder Fähre ist mit den großen Tanks voller Treibstoff beim Start am schwersten. So reicht der Schub zunächst nur für eine geringe Beschleunigung aus. Dann aber nimmt sie zu, und die Raumfahrer werden mit dem Mehrfachen ihres Körpergewichts in die Sitze gedrückt. Um zu vermeiden, dass dabei das ganze Blut in die Beine sackt, sind die Sessel so ausgerichtet, dass man liegend und mit den Füßen schräg nach oben in Flugrichtung startet. Nur in dieser Haltung übersteht man den Start problemlos. Mit einer Geschwindigkeit von mehr als 28 000 Kilometern pro Stunde – das sind über sieben Kilometer in einer Sekunde – jagt die Crew ins All.

Nach rund acht Minuten schwenken Raumschiffe und -fähren in die Umlaufbahn ein. Dann werden die Triebwerke abgestellt. In diesem Moment setzt schlagartig die Schwerelosigkeit ein. Man befindet sich gewissermaßen im freien Fall, auch wenn man natürlich nicht zur Erde zurückfällt. Alles, was nicht angeschnallt oder anders fixiert ist, schwebt augenblicklich umher. In den Handbüchern falten sich die Seiten auf wie bei einem Fächer, Kugelschreiber schweben an einem Faden befestigt in der Luft, und die Raumfahrer spüren nicht einmal mehr den Sitz unter sich, in den sie eben noch gepresst worden sind.

↑ Das Cockpit einer Raumfähre. Auf den beiden vorderen Sitzen nehmen links der Kommandant und rechts der Pilot Platz. Zwei weitere Crew-Mitglieder, aus deren Perspektive das Foto aufgenommen wurde, sitzen dahinter im Flightdeck. Drei Astronauten schließlich sind bei Start und Landung im Middeck, das sich direkt unter dem Cockpit befindet.

ULF MERBOLD war 1983 als erster westdeutscher Astronaut im All. 1992 flog er erneut mit einem Shuttle in den Weltraum, 1994 per Sojus zur Station MIR. ....

↓ Eine Raumfähre auf dem Weg ins All. Hell brennt es aus den Boostern. Rechts erkennt man die drei Haupttriebwerke des Shuttles. Die automatische Kamera war hier genau so positioniert, dass die Sonne zwischen dem eigentlichen Shuttle (rechts) und dem großen rotbraunen Tank samt Boostern (links) hindurchschien. Die Booster werden in etwa 50 Kilometern Höhe abgeworfen und später von Schiffen geborgen, der Tank für die Haupttriebwerke ist nach acht Minuten leer und wird dann ebenfalls abgesprengt. Er verglüht in der Atmosphäre, nur ein paar Reste fallen ins Meer.

»Liegend ist der Aufstieg ins All leicht zu ertragen. Aber man spürt natürlich die über Minuten zunehmende Beschleunigung: Es presst dich mehr und mehr in den Sitz, der Helm drückt fester auf den Kopf. Ich saß bei den beiden Shuttle-Starts, die ich erleben durfte, im Middeck. Über mir hingen die ›Middeck-Lockers‹, also die Kästen, in denen Verpflegung, Kleidung und Ausrüstungsgegenstände verstaut waren – ähnlich wie in einem Flugzeug die Gepäckfächer über den Sitzen der Passagiere. Sie rüttelten und ratterten auf beunruhigende Weise. Das liegt an den Boostern, die rund zwei Minuten lang brennen und dabei starke Vibrationen auslösen. Es ist, als ob man mit dem Auto ungefedert über eine Straße voller Schlaglöcher rasen würde.

Und dann, nach rund acht Minuten, werden die Triebwerke abgeschaltet. In der Fachsprache nennt man das den MECO, den *Main Engine Cut Off* – wörtlich übersetzt: das Ausschalten der Haupttriebwerke. Sofort spürt man die Schwerelosigkeit. Alles schwebt. Es wird still. Kein Lärm, kein Geräusch ist zu hören. Du bist in der Umlaufbahn angekommen. Nach ein paar Minuten, wenn alle Systeme geprüft worden sind, darfst du dich abschnallen. Du löst also die Gurte – und schon bald wünschst du dir, mehr als nur zwei Hände zu haben: Du ziehst die Handschuhe aus, und bevor du als nächstes den Helm absetzen kannst, musst du schon aufpassen, dass sie dir nicht wegfliegen. Auch das Ausziehen der sperrigen Druckanzüge, die man jetzt gegen leichtere Bordoveralls auswechseln kann, ist in der Schwerelosigkeit nicht ganz leicht. Doch nach etwa einer Stunde hat sich die Crew arrangiert und eingerichtet, und der Flug kann seinen Lauf nehmen.«

ANDOCKEN: MASSARBEIT BEI ÜBER 28 000 STUNDENKILOMETERN

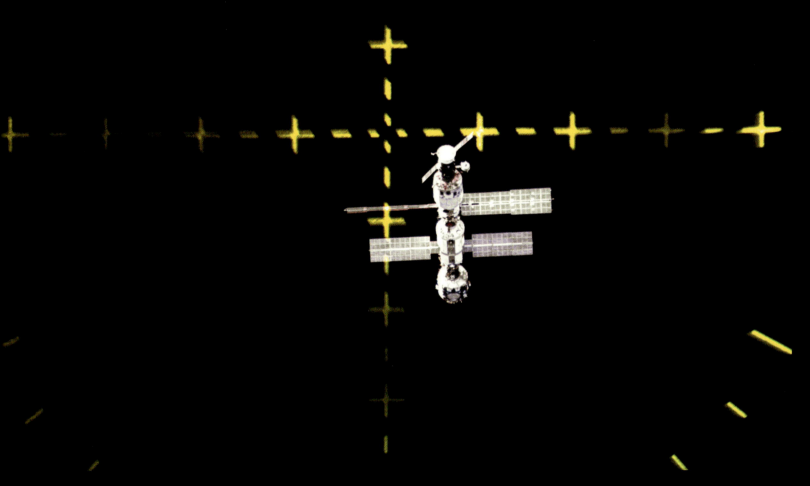

↑ Die ISS im Fadenkreuz des Shuttles. Die Instrumente der Raumfähre halten automatisch Kurs auf die Raumstation.

Zwei Tage benötigen Shuttle oder Sojus-Raumschiff, um allmählich in Sichtweite der Internationalen Raumstation zu gelangen. Beim Andocken an die Station müssen der ➧ **WINKEL**, in dem die Andockvorrichtungen aufeinander treffen, und die **GESCHWINDIGKEIT** exakt stimmen. Zwar rast die ISS wie der Shuttle oder das Sojus-Raumschiff unverändert mit rund 28 000 Kilometern pro Stunde durchs All. Doch um sich der Station zu nähern, müssen Shuttle oder Sojus etwas schneller fliegen – allerdings nur einen Hauch, sonst käme es zu einer Kollision.

Das Manöver wird automatisch durchgeführt – es sei denn, der Kommandant muss wegen eines Problems auf Handsteuerung umschalten. Sind die Andockstutzen schließlich eingerastet, dauert es noch eine Weile, bis die Luken geöffnet werden können. Erst wenn nach dem Druckausgleich auf beiden Seiten derselbe Luftdruck herrscht, schwebt die Crew in die Station ein, wo sie von der bisherigen Besatzung begrüßt wird. In den folgenden Tagen findet die Übergabe der Station statt. Bei diesem *hand-over* wird die neue Crew in alle Aufgaben eingewiesen. Dabei geht es in der voll besetzten Raumstation recht hektisch zu. Nachdem dann aber die alte Crew die Heimreise angetreten hat, kehrt an Bord wieder Ruhe ein. Für die neue Mannschaft beginnt jetzt ein halbes Jahr Schichtdienst im Orbit.

THOMAS REITER, Testpilot und deutscher ESA-Astronaut, war 1995 ein halbes Jahr lang an Bord der MIR. Im Juli 2006 flog er für mehrere Monate zur ISS. Insgesamt war er knapp ein Jahr im All.

↓ Ein Foto aus Sicht der ISS: Das Sojus-Raumschiff nähert sich mit drei Raumfahrern an Bord der Station. Man erkennt die seitlich angebrachten Sonnensegel, die der Stromversorgung dienen. Mittels der beiden runden Antennen, die hier links vom Raumschiff abstehen, peilt die Sojus automatisch die ISS an. An der vorderen Spitze sieht man den Andockstutzen, der wenig später in das entsprechende Gegenstück der Station einrasten wird.

»Bei meinem ersten Flug waren wir zu dritt in dem kleinen Sojus-Raumschiff. Während der Phase des Andockens arbeiten die Steuerdüsen fast ununterbrochen. Das klingt, als ob ein Dieselmotor da vor sich hinstottert. In 150 Metern Entfernung wird per Knopfdruck die Automatik aktiviert, die die Kapsel selbständig steuert. Wenn dabei ein Problem auftaucht, schaltet sich sofort der ›Rückwärtsgang‹ ein und bringt das Raumschiff auf Sicherheitsabstand. Dann muss der Kommandant die Sojus per Hand ins Ziel fliegen. In unserem Fall ging jedoch alles glatt – zum Bedauern unseres Kommandanten, der dieses letzte Flugmanöver gern selbst durchgeführt hätte. Denn es macht einfach Spaß, das Raumschiff selbst zu steuern.

Wenn die Sojus dann auf die Station trifft und die Andockvorrichtungen einrasten, poltert das ganz ordentlich. Der Shuttle, der mehr als das Zehnfache an Masse mitbringt, muss die Station viel langsamer anfliegen. Das geht dann so sachte, dass man praktisch nichts spürt.

Nach der Enge in der Sojus erschien mir die MIR sehr geräumig. Ich erinnere mich noch, wie ich das erste Mal durch den Knoten schwebte, von dem aus mehrere große Röhren in alle Richtungen abzweigten. Als ich hinabsah, fiel mein Blick ins Bodenlose. Ich bekam einen Schreck. ›Pass bloß auf, dass du da nicht hineinfällst!‹, dachte ich spontan – noch nicht an die Tatsache gewöhnt, dass man in Schwerelosigkeit natürlich nicht fallen kann und die Röhre auch nicht wirklich nach unten zeigte. Ich musste mich nur leicht drehen, und der Eingang zu dem Modul befand sich nicht mehr unter, sondern neben mir.«

➜ Beim Andocken müssen **WINKEL** und **GESCHWINDIGKEIT** exakt stimmen. Das kleine Sojus-Raumschiff bewegt sich mit einer relativen Geschwindigkeit von 15 bis 20 Zentimetern pro Sekunde auf die Station zu. Das heißt: Bei insgesamt 28 000 Stundenkilometern ist die Sojus um so viel schneller als die ISS. Der Shuttle dockt noch behutsamer an. Sonst könnte er mit seiner enormen Masse Schaden anrichten. Denn auch in Schwerelosigkeit bleibt die Masse eines Körpers im Gegensatz zu seinem Gewicht erhalten. Man kann sich das leicht vorstellen: Bei einem Weltraumspaziergang würde ein Astronaut eine Schraube, die langsam auf ihn zuschwebt, problemlos auffangen können, ohne sich von der Stelle zu bewegen. Ein durchs All schwebender Satellit aber würde sich mit seiner großen Masse nicht so leicht aufhalten lassen. Er kann nur mit einem starken Roboterarm eingefangen werden, der fest mit dem Shuttle verbunden ist.

← Kurz vor dem Andocken: Das Foto zeigt aus der Perspektive der ISS-Besatzung, wie sich die Raumfähre Discovery annähert. An Bord des Shuttles befinden sich sieben Crew-Mitglieder – darunter Thomas Reiter, für den dieser Flug bereits der zweite mehrmonatige Einsatz im All war.

→ Eng ist es in der kleinen Sojus-Kapsel. Dabei fehlt auf dieser Aufnahme, die im Simulator entstand, der dritte Kosmonaut – der Fotograf benötigte den Platz, um dieses Bild machen zu können.

↓ Roberto Vittori schwebt in die Station ein. Der Astronaut und Pilot der italienischen Luftwaffe war bereits zweimal auf der ISS.

02 MIT ASTRONAUTEN INS ALL

56
57

AN BORD: EINE WELT OHNE OBEN UND UNTEN

↑ Claudie Haigneré an Bord der ISS

Sie ist schon recht kurios: die Welt der Schwerelosigkeit. Es gibt kein Leicht oder Schwer und auch kein Oben oder Unten. Viele Raumfahrer leiden anfangs unter diesen verwirrenden Eindrücken. Man spricht dann von der ▶▶ **RAUMKRANKHEIT**: Sie kann sich in Schwierigkeiten bei der Orientierung äußern und bis zu Schwindelgefühlen und Übelkeit gehen – je nach persönlicher Veranlagung. Manche Raumfahrer sind sehr stark davon betroffen, andere überhaupt nicht.

Die Symptome klingen nach ein paar Tagen ab. Einige Experimente untersuchen genau dieses Phänomen der Desorientierung. Die Ergebnisse helfen zu verstehen, wie unser Gleichgewichtssinn funktioniert. Und das wieder kommt auch Patienten auf der Erde zugute, die unter Gleichgewichtsstörungen leiden.

Auch auf ganz alltägliche Abläufe wirkt sich die Schwerelosigkeit aus: Alles muss fixiert werden – es würde sonst unweigerlich davonschweben. Trinken lässt sich nur aus Tüten mit Strohhalm – ein Glas wäre dort oben bald von allein leer, und die Tropfen würden wild durch den Raum blubbern. Möglichst kontrolliert sollte man sich auch selbst durch die Station bewegen. Erfahrene Astronauten beherrschen es, wie Superman mit ausgestreckten Armen durch die Module zu schweben. Andere stoßen anfangs schon mal gegen die eine oder andere Ecke und holen sich so blaue Flecken …

Die Schwerelosigkeit hat kuriose Folgen für den Organismus: Beispielsweise sammeln sich ohne die Schwerkraft, die alles nach unten zieht, Blut und Gewebeflüssigkeiten in der oberen Körperhälfte an. Das führt erstens zu leicht aufgedunsenen Gesichtern und zweitens zu dünnen Beinen – Astronauten nennen das »Storchenbeine«. Außerdem »wachsen« wir zwei bis drei Zentimeter, da die Wirbelsäule entlastet wird – wir wiegen ja nichts mehr. Apropos »wiegen«: Eine normale Waage würde im All »null« anzeigen. Also benutzt man Waagen, die mit Federn arbeiten: Man setzt sich darauf – wie auf einen Fahrradsattel – und schwingt auf und ab. Je weniger Masse man hat, desto schneller schwingt die Feder. Die Schwingungszahl verrät so das Gewicht.

CLAUDIE HAIGNERÉ aus Frankreich war 2001 die erste Europäerin auf der Internationalen Raumstation ISS. 1996 hatte sie bereits die russische Station MIR besucht.

»Als ich zum ersten Mal aus dem Fenster auf die Erde hinuntersehen wollte, war sie nicht da! Zumindest nicht dort, wo ich sie erwartet hatte: Sie war nicht unter, sondern über uns. Mein Orientierungssinn war dadurch so verwirrt, dass ich mich erst drehen und auf den Kopf stellen musste. Jetzt war die Erde, wo sie sein sollte, nämlich unter mir, und ich konnte sie in Ruhe betrachten.

Diese Orientierungsschwierigkeiten im All hängen damit zusammen, dass wir Menschen uns auf der Erde immer nur auf der Oberfläche bewegen: vor und zurück, nach rechts oder links. Daher haben wir eine zweidimensionale ›Landkarte‹ im Kopf. Wir schweben eben nicht rauf und runter. In Schwerelosigkeit aber kommt plötzlich diese weitere Dimension hinzu. Da gab es beispielsweise jene Stelle in der Station, wo mehrere Module zusammentreffen: den Knoten. Das ist wie ein kleines Zimmer, das an allen Wänden und zusätzlich oben an der Decke eine Tür hat. Den Eingang zu dem Modul schräg über mir fand ich anfangs nur mit Mühe. Ich blickte mich orientierungslos um und fühlte mich unwohl. Nach einem Tag aber hatte sich meine Wahrnehmung an die dreidimensionale Umgebung gewöhnt.

Und als ich Jahre später wieder ins All flog, hatte ich von Anfang an kein Problem mehr: Offenbar sind wir in der Lage, selbst solche Erfahrungen, die man auf der Erde gar nicht benötigt, zu speichern und wieder abzurufen. Man lernt, wie man sich von der Wand abstoßen muss, um durch die Station zu schweben, und dass man überhaupt die Wand oder den Boden oder die Decke in Reichweite haben sollte, um sich abstoßen zu können: Denn sonst hängst du da in der Luft und kommst einfach nicht mehr vom Fleck, bis dir jemand hilft.«

➺ Unser Gleichgewichtsorgan sitzt im Innenohr. Es meldet dem Gehirn andauernd unsere aktuelle Lage, zum Beispiel, wenn wir den Kopf neigen. Die **RAUMKRANKHEIT** kann man mit der Seekrankheit vergleichen. Da spürt das Innenohr, dass wir auf See von Wellen geschaukelt werden. Solange wir dabei den Horizont sehen, kann sich unser Gehirn das Hin und Her erklären. Kritisch wird es aber, wenn wir auf einem Boot unter Deck sind: Ohne den Blick auf den schwankenden Horizont versteht das Gehirn nicht mehr, warum das Innenohr ständig Lageänderungen meldet. Diese fehlenden oder widersprüchlichen Informationen führen zu Schwindel und Übelkeit. Allerdings reagieren manche Menschen darauf empfindlicher als andere, und manche haben gar keine Beschwerden.

↓ Jean-François Cl
aus Frankreich (link
und Claude Nicollier
der Schweiz (rechts
Middeck des Shuttle
beiden ESA-Astrona
waren 1999 gemeins
und davor schon me
Male mit anderen K
gen im All.

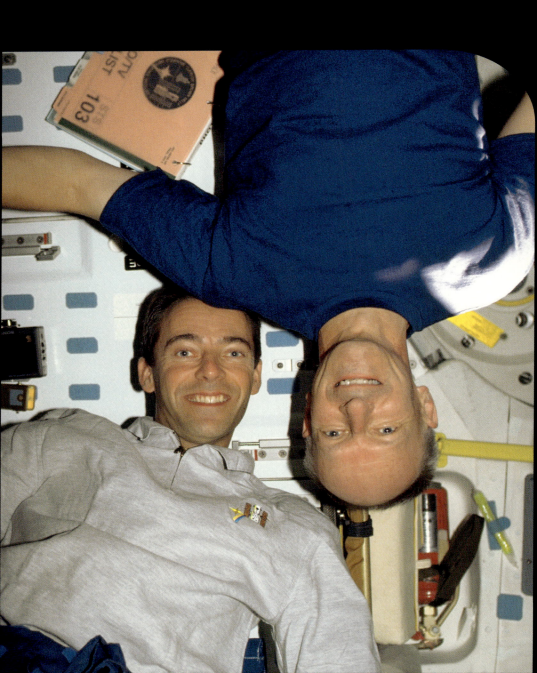

FORSCHUNGSKRIMIS IM FLIEGENDEN LABOR

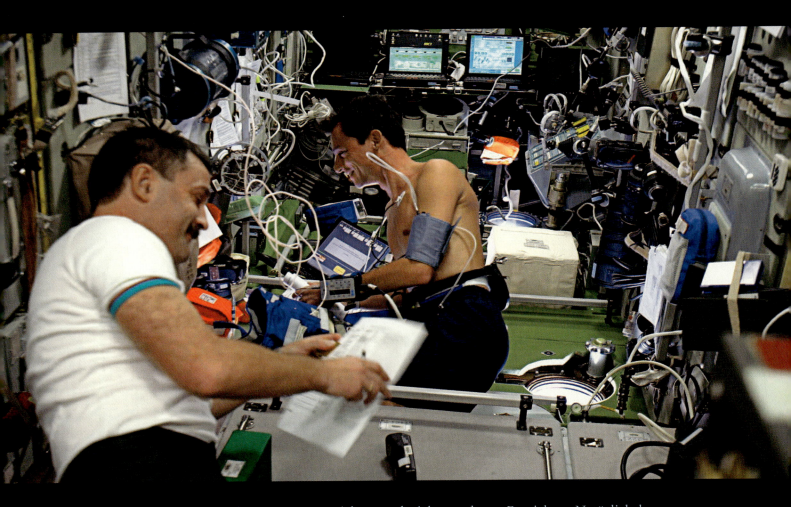

Die Raumfahrer an Bord der ISS müssen nicht nur für den Betrieb der Station sorgen, sondern auch wissenschaftliche Experimente durchführen. Das gilt vor allem für Wissenschaftsastronauten, die mit der neuen Crew zur Station fliegen und wenige Tage später mit der alten Mannschaft, die abgelöst wurde, zur Erde zurückkehren. Während ihres kurzen Aufenthalts an Bord müssen sie zahlreiche Versuche machen, die von Experten auf der Erde teils jahrelang vorbereitet wurden.

Die Experimente entstammen der Medizin und Biologie, den Materialwissenschaften und der Flüssigkeitsphysik, der Robotik, Astronomie und vielen anderen Bereichen. Natürlich kann kein Astronaut in all diesen Disziplinen ein Fachmann sein. Das ist auch gar nicht nötig. Vielmehr geht es darum, die im Training eingeübten Versuchsabläufe exakt auszuführen, was sehr viel Konzentration erfordert: Blutproben müssen entnommen und verpackt, zwischendurch Öfen mit Materialproben bestückt, dann ein- und pünktlich wieder ausgeschaltet werden, Daten von Computern abgelesen und gespeichert werden. Im Funkkontakt mit den Wissenschaftlern am Boden bespricht die Crew die ersten Resultate. Inzwischen kann man die Daten einiger Experimente sofort zur Erde senden, wo Experten direkt eine erste Auswertung vornehmen und sogar den nächsten Versuchsablauf per TELEOPERATIONS steuern können.

↑ Monitore, Kabel, wissenschaftliche Versuchsanlagen. Die ISS ist ein High-Tech-Labor der ganz besonderen Art. Hier sieht man im Hintergrund, wie der spanische Astronaut Pedro Duque ein medizinisches Experiment durchführt. Vorne links macht sein russischer Kollege Alexander Kaleri Notizen.

Wenn man auf der Erde zwei Metalle erhitzt, bis sie flüssig sind, dann vermischt, abkühlen und wieder erstarren lässt, sinkt die schwere Substanz nach unten, während die leichte oben bleibt wie Öl auf Wasser. Ohne Schwerkraft aber bleibt, wenn die Metalle wieder erkalten und fest werden, eine gleichmäßige Mischung erhalten. Oder nicht? Als man den Versuch erstmals im All durchführte, gab es eine Überraschung! Das leichte und das schwere Metall hatten sich wieder »entmischt«: Das eine bildete – vom anderen umschlossen – im Zentrum der Probe eine Kugel. Man stellte schließlich fest, dass Temperaturunterschiede beim Erstarren die Ursache dafür waren. Denn eine Metallschmelze kühlt – wie eine heiße Suppe – oben und am Rand schneller ab als in der Mitte. Dabei entstehen Oberflächenspannungen und Strömungen in der Probe. Diese Effekte waren zwar lange bekannt, aber man konnte sie bisher nie genau studieren, da die Schwerkraft sie überlagerte. Im All aber ließ sich das alles beobachten – und mit diesem Wissen wiederum auf der Erde die Herstellung neuer Materialien verbessern.

↓ Gekonnt schwebt Pedro Duque durch die ISS.

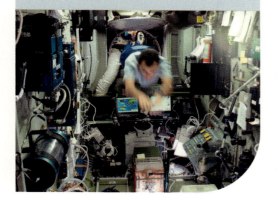

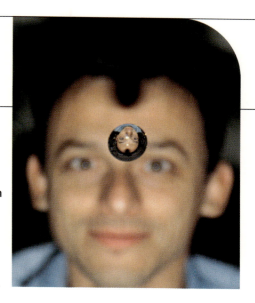

PEDRO DUQUE lässt einen Wassertropfen schweben. Der ESA-Astronaut war 1998 mit einem Shuttle im All und flog 2003 in Zusammenarbeit mit der spanischen Raumfahrtagentur CDTI zur ISS.

»Anfangs musst du dich erst an die Schwerelosigkeit gewöhnen. Oft sind es ganz simple Sachen, die dich überraschen. Du willst beispielsweise eine Schublade aufziehen, vor der du schwebst. Sie klemmt ein wenig. Und statt die Schublade in deine Richtung zu bewegen, ziehst du dich selbst nur näher an sie heran. Oder du fängst an, in der Luft zu rotieren, wenn du einen Hebel umlegen oder drehen willst. Nach einer Weile bekommst du dann heraus, wie es geht und dass du dich in einem solchen Fall irgendwo festhalten musst. Manche Dinge sind komplizierter als auf der Erde, andere gehen einfacher. Metallproben, die man nicht anfassen darf, um das Experiment nicht zu verfälschen, kannst du einfach schweben lassen und dabei sogar noch etwas anderes tun. Im Training auf der Erde ging das natürlich nicht.

Am besten gefielen mir immer die Experimente, die von Schülern oder für Schüler entworfen wurden, um mit einfachen Mitteln zu demonstrieren, wie sich die Schwerelosigkeit auswirkt. Aber natürlich gab es auch sehr viele anspruchsvolle wissenschaftliche Versuche, die zu neuen Ergebnissen führten. Kristalle zum Beispiel wuchsen viel größer als erwartet. Vieles interessiert natürlich zuerst einmal nur die Wissenschaftler, anderes wird längst auf der Erde eingesetzt: beispielsweise in verbesserten Materialien, die besonders leicht und gleichzeitig hart und fest sein müssen.«

▶▶ TELEOPERATIONS: Früher musste man warten, bis die Astronauten samt Proben gelandet waren. Heute werden noch während des Fluges erste Daten zu den Experten auf der Erde geschickt, die dann sofort nachsehen können, ob der Versuch erfolgreich war. Die Wissenschaftler können manche Weltraumversuche sogar von der Erde aus steuern, indem sie zum Beispiel die Temperatur eines Ofens per Telekommando verändern. Auch in anderen Bereichen wird diese Technologie eingesetzt: zum Beispiel in der Formel 1, wo während des Rennens jedes Detail aus dem Inneren des Motors live zu den Mechanikern übertragen wird.

AUSSENBORDEINSÄTZE: AUSFLÜGE IN DEN LUFTLEEREN RAUM

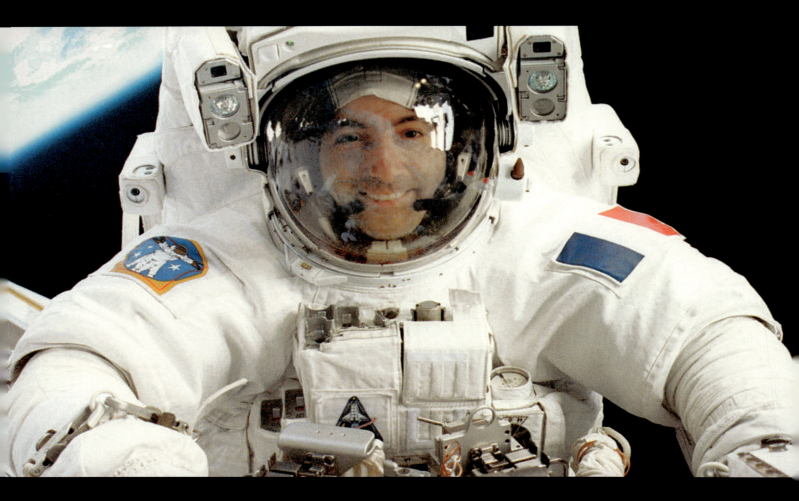

Der Ausstieg ins All ist eine der anstrengendsten und gefährlichsten Aktionen während eines Raumfluges. Doch Außenbordarbeiten sind immer wieder nötig, etwa um Satelliten einzufangen und zu reparieren oder um neue Elemente der ISS mit den bisherigen Modulen der Station zu verbinden.

Weltraumspaziergänge müssen gründlich vorbereitet werden. Das beginnt lange vor dem Start beim Unterwassertraining, wo jeder Handgriff unzählige Male geprobt wird. Und während des Fluges machen sich die Astronauten schon Stunden vor dem Ausstieg bereit. Sie klettern in die sperrigen Raumanzüge, die sie vor den extremen Temperaturen des Alls schützen, die im Schatten bei minus 150 Grad Celsius liegen und in der Sonne plus 120 Grad erreichen. Das Außenmaterial des Anzugs strahlt Hitze ab, innen sorgen mehrere Schichten für erträgliche Verhältnisse. Die Unterwäsche enthält Kühlrippen, kleine in den Stoff eingebrachte Leitungen, durch die kaltes Wasser fließt. Weiter baut der Anzug einen stabilen Luftdruck auf und versorgt den Raumfahrer mit reinem Sauerstoff. Das Atemgas muss schon vor dem Ausstieg inhaliert werden, um den Organismus daran zu gewöhnen. Die Systeme einschließlich Druck- und Temperaturregelung sowie Sprechfunk werden kontrolliert. Erst wenn alle Tests einwandfrei verlaufen sind, geht es durch die Ausstiegsschleuse hinaus ins eisige Schwarz des luftleeren Alls.

↑ Philippe Perrin beim Weltraumspaziergang. Während seines 13-tägigen Aufenthalts auf der ISS im Juni 2002 verließ er die Raumstation dreimal zu Außenbordarbeiten. Insgesamt verbrachte er dabei neun Stunden im freien Weltraum.

Das Weltraumteleskop Hubble ist ein Satellit, der die Erde weit jenseits der Atmosphäre umkreist. Dort wird sein »Blick« ins Universum nicht durch die Luft getrübt. Allerdings ist es im Vergleich zu Teleskopen auf der Erde natürlich viel schwieriger zu reparieren. Dazu muss man mit einer Raumfähre ganz dicht an den Satelliten heranfliegen und ihn dann mit einem Roboterarm einfangen. Anschließend können Astronauten aus der Fähre aussteigen und die nötigen Arbeiten durchführen. Man überlegt nun, ob man dafür in Zukunft nur noch Roboter einsetzen soll. Diese robotischen Reparatursatelliten würden von der Erde aus so programmiert, dass sie einen anderen Satelliten selbständig ansteuern und diesen dann automatisch oder halbautomatisch – also per Fernsteuerung – reparieren könnten.

CLAUDE NICOLLIER aus der Schweiz hat es bei seinen vier Flügen auf mehr als 1000 Stunden im All gebracht. Dabei war er mehrmals im freien Weltraum, vor allem, um das Weltraumteleskop Hubble zu warten.

»Bei meinem ersten Ausstieg ging ich vor meinem Kollegen Mike Foale aus der Schleuse. Ich öffnete die Luke, tastete mich vor und sah hinaus. Ich war sofort begeistert. Durch die Fenster der Raumfähre siehst du immer nur einen kleinen Ausschnitt. Jetzt aber konnte ich alles sehen: das All, die Sterne, die Erde. Ich fühlte mich ganz eigenartig: wie ein Teil des Ganzen. Es war ein sehr starkes und positives Gefühl.

Wir mussten das Weltraumteleskop Hubble warten, einige Komponenten austauschen. Hubble ist eine echte ›Entdeckungsmaschine‹. Wir haben durch dieses Teleskop enorm viel über den Weltraum gelernt: wie Sterne geboren werden zum Beispiel, oder wie sie ›sterben‹, wenn sie ausgebrannt sind. Das Weltraumteleskop befand sich jetzt in der Ladebucht des Shuttles – wir hatten es zuvor mit dem großen Roboterarm eingefangen.

Zuerst musste ich die Sicherheitsleinen für mich und meinen Kollegen einhaken – nur drei Millimeter dünne Stahlseile, an denen in den nächsten Stunden unser Leben hing. Der riesige Satellit hat Türen, so dass man hineinklettern kann. Wir sollten den Hauptcomputer auswechseln, und so sind wir bis ins Innerste der Maschine vorgedrungen – gewissermaßen bis zum Gehirn des Satelliten. Wie bei einer Operation haben wir vorsichtig eine Verbindung nach der anderen unterbrochen und dann den neuen Computer angeschlossen. Er lief sofort. Nicht immer ging alles so glatt. Einmal kämpften wir zwei Stunden lang mit einer Kamera, bis sie in die Halterung passte. Ein anderes Mal signalisierte eine Anzeige, dass ich zu viel Kohlendioxid im Anzug hätte. Das wäre sehr gefährlich, und eigentlich hätte ich in die Fähre zurückkehren müssen. Doch ich spürte weder Kopfschmerzen noch Atemnot und wartete kurz. Dann kam die Entwarnung vom Kontrollzentrum. Es war falscher Alarm.«

↑ Eines der vielen Fotos des Weltraumteleskops Hubble (hier ist unsere Nachbargalaxie, die Kleine Magellansche Wolke, zu sehen). Das Instrument liefert einzigartige Bilder aus den Tiefen des Universums. Manche zeigen Galaxien, die bis zu 13 Milliarden Lichtjahre von der Erde entfernt sind. Das bedeutet, dass ihr Licht 13 Milliarden Jahre lang – mit der Lichtgeschwindigkeit von 300 000 Kilometern pro Sekunde – durch das All unterwegs ist, bis es bei uns ankommt. Deshalb sehen wir diese Galaxien heute so, wie sie vor dieser langen Zeit ausgesehen haben. Wir blicken auf diesen Fotos also nicht nur tief in den Raum, sondern auch zurück in die Anfänge des Universums, das vor rund 14 Milliarden Jahren mit dem Urknall entstand.

→ Der Schweizer ESA-Astronaut Claude Nicollier arbeitet an einem Teil des Weltraumteleskops Hubble. Hinten rechts erkennt man die Triebwerke des Shuttles, links unten die Sicherheitsleine.

→ → Thomas Reiter aus Deutschland bei seinem ersten Außenbordeinsatz im Jahr 1995. Während seines sechsmonatigen Aufenthalts auf der Station MIR stieg der ESA-Astronaut zweimal ins Weltall aus. Als Reiter 2006 auf der ISS war, absolvierte er einen weiteren Weltraumspaziergang, der über fünf Stunden dauerte.

ESSEN IM ALL: WENN DER KÄSE ÜBER DEM TISCH SCHWEBT

Immer wieder erzählen Raumfahrer davon, dass sich der Geschmackssinn in der Schwerelosigkeit verändert. Vor dem Start kann ein Astronaut die Speisekarte durchprobieren und sich dann sein spezielles Menü für den Flug zusammenstellen lassen. Im Weltraum aber bemerkt er, dass Dinge, die vorher lecker schienen, längst nicht mehr so gut schmecken – und umgekehrt das exotisch zubereitete Hühnerfleisch doch nicht so schlecht ist. Was tun? Man tauscht einfach mit den Kollegen an Bord, die das eine oder andere von dem, was sie ursprünglich bestellt haben, ebenfalls nicht mehr mögen – und die Welt ist wieder in Ordnung. Hey, hat noch jemand einen Krabbencocktail?

An Bord der ISS gibt es eine recht große Auswahl an Gerichten, so dass für jeden Geschmack etwas dabei ist. Jede ➡➡ **TAGESRATION** deckt den Bedarf an Vitaminen und Nährstoffen. Die Bordküche verfügt über einen Ofen, in dem Fertiggerichte aus Nudeln, Fleisch und Gemüse zubereitet werden. Suppen gibt es in Pulverform, wobei wie auf der Erde heißes Wasser zugesetzt wird. Und wenn ein unbemanntes Frachtschiff oder eine neue Crew andockt, ist immer frisches Obst im Gepäck – wie der niederländische Astronaut André Kuipers auf dem Foto rechts oben zeigt. Wie meinte einmal ein Astronaut: Man fliegt nicht gerade wegen des Essens ins All, aber so schlecht, dass es einen davon abschrecken würde, ist es auch wieder nicht.

↑ Abendessen auf der ISS. Während des Schichtwechsels befinden sich immer relativ viele Raumfahrer an Bord. Wer dann keinen Platz am Tisch findet, wo man sich mit Fußschlaufen am Boden halten kann, muss eben an der Decke schweben und dort essen. Die Behälter und Tüten mit der Nahrung werden von Klettbändern und Klemmen auf dem Tisch gehalten.

ANDRÉ KUIPERS aus den Niederlanden war 2004 auf der ISS. Er ist Arzt und hat sich auf Störungen des Gleichgewichtsorgans spezialisiert.

↓ Dieses Bild zeigt André Kuipers (rechts) mit dem in England geborenen NASA-Astronauten Michael Foale (links) beim Mittagessen. Eine Käsescheibe schwebt angebissen über dem Tisch. Die Fotos an der Wand zeigen Juri Gagarin und den russischen Ingenieur Konstantin Ziolkowski, der schon vor über 100 Jahren Theorien zum Flug in den Weltraum entwickelte.

»Früher wusste man nicht, ob Menschen in Schwerelosigkeit überhaupt essen und schlucken können. So entwickelte man zunächst die berühmte Tubennahrung, die die sicherste Methode zu sein schien. Heute ist die Forschung viel weiter, und die Ernährung ist ausgeglichen und gesund und die Auswahl reichlich: Beim Probeessen vor dem Start konnte ich allein 40 Fleischgerichte testen, dazu mehrere Fischsorten sowie Desserts. Dann wählst du aus, was dir am besten schmeckt, und deine Portionen werden vor dem Flug mit einem Transporter zur ISS geflogen. Wir Europäer bringen zudem als kleines Gastgeschenk eine Spezialität aus unserer Heimat mit: Mein Kollege Frank De Winne hatte belgische Schokolade dabei, Pedro Duque spanischen Schinken und ich holländischen Käse.

Im All öffnest du Fleischkonserven und andere in Dosen oder Tüten verpackte Nahrungsmittel am besten immer nur so weit, dass du mit der Gabel ein paar Bissen entnehmen kannst und sich nichts selbständig macht. Ab und zu passiert das trotzdem, und dann sieht man beim Abendessen einen Kollegen plötzlich wegschweben, um ein Stück Lasagne einzufangen, das gerade zur Decke fliegt. Bei Suppen oder Getränken musst du den Strohhalm immer sofort mit einer Klammer schließen, sonst schweben schnell Tropfen durch die Luft. Aber die Schwerelosigkeit herrscht natürlich auch in deinem Mund: Das Essen liegt nicht auf der Zunge, sondern schwebt gewissermaßen darüber.

Auch bei mir änderte sich der Geschmackssinn: Weil dein Oberkörper viel Wasser ansammelt, schwellen die Nasenschleimhäute an. Wie bei einem Schnupfen schmeckt alles etwas fade. Viele Kollegen bevorzugen daher scharf gewürztes Essen. Mir schmeckten drei Dinge besonders gut: russischer Quark mit Nüssen, Hühnchen süßsauer und Rindfleisch Teriyaki.«

➼ Aus den Essensvorräten an Bord könnte sich ein Astronaut zum Beispiel folgende **TAGESRATION** zusammenstellen:

FRÜHSTÜCK	MITTAGESSEN	ABENDESSEN
Rührei auf mexikanische Art	Nudeln mit Garnelen	Thunfischsalat
Erdbeerjoghurt	Schweinekotelett mit gedünsteten Zucchini	Getrocknete Aprikosen
Kakao, Kaffee, Ananassaft	Pfirsich	Tee
	Orangensaft, Tee	

HAARESCHNEIDEN MIT DEM STAUBSAUGER

Wie wäscht man sich? Wie putzt man sich die Zähne? Und wie funktioniert im All die Toilette? Diese Fragen sind nicht unwichtig, denn der Hygiene kommt in der Schwerelosigkeit besondere Bedeutung zu. Man kann sich keine Infektion leisten, wenn man mehrere hundert Kilometer vom nächsten Arzt entfernt durch den Weltraum fliegt.

Eine Badewanne gibt es an Bord natürlich nicht. Auch duschen kann man auf der ISS nicht – die Tropfen sind in der Schwerelosigkeit einfach nicht in den Griff zu bekommen. Also nehmen Raumfahrer nasse Handtücher, um sich zu reinigen. Auch beim Zähneputzen muss man sich umstellen: Statt ins Waschbecken spuckt man Wasser und Zahnpasta in ein Tuch. Die Haare wäscht man mit Trockenshampoo.

Die Bordtoilette arbeitet mit leichtem Unterdruck, so dass alles sofort abgesaugt wird und nichts in die Umgebungsluft gelangt. Der Urin wird durch einen Schlauch gesondert aufgefangen, so dass daraus sogar wieder – gut gefiltert – Wasser bester Qualität gewonnen wird.

Abfälle werden entsorgt, wenn ein unbemanntes Frachtschiff ausgedient hat: Vollgepackt mit Müll, wird es kontrolliert auf eine steile Flugbahn in Richtung Erde gelenkt, so dass es durch die große Hitze, die beim Eintauchen in die Atmosphäre entsteht, samt Inhalt verglüht.

↑ Beim Haareschneiden ist auch der Staubsauger im Einsatz: Nur so wird sichergestellt, dass die abgeschnittenen Haarspitzen nicht umherschweben. Hier ist der russische Kosmonaut Mikhail Tyurin (links) seinem amerikanischen Kollegen Frank L. Culbertson (rechts) behilflich.

↑ NASA-Astronaut Carl Walz sieht nach, wie viele Kanister mit Trinkwasser noch an Bord vorhanden sind.

↓ Auch im All kann es manchmal recht eng werden: Alles muss möglichst platzsparend verpackt werden. Der russische Kosmonaut Nikolai Budarin nimmt es mit Humor.

↓↓ Mit Trockenshampoo werden die Haare gewaschen – hier der Amerikaner Robert L. Curbeam.

LÉOPOLD EYHARTS aus Frankreich ist Testpilot und Flugingenieur. 1998 war er auf der Raumstation MIR. Das Bild zeigt ihn im Shuttle-Simulator. ....

»Es gibt viele Gründe, warum man in einer Raumstation besonders gründlich auf die Sauberkeit achten muss. Die Atemluft darf nicht verunreinigt werden, denn sie zirkuliert wieder und wieder durch die Station. Schließlich kannst du nicht wie zu Hause einfach das Fenster aufmachen und durchlüften. Die Filter müssen nach einiger Zeit ausgetauscht werden, und je weniger die Luft verunreinigt ist, desto seltener muss das geschehen. Außerdem will man nicht krank werden oder eine Allergie bekommen. Da der Körper in Schwerelosigkeit über weniger Abwehrkräfte verfügt als auf der Erde, könnte das gefährlich werden.

Hinzu kommt, dass aus der Luft die ganze Feuchtigkeit herausgefiltert wird, die man über die Haut und die Atmung ausscheidet. Das Wasser, das so gewonnen wird, benutzt man wieder, um das Essen zuzubereiten. Den Nahrungsmitteln wurde in den Firmen, die Weltraumnahrung herstellen, nämlich größtenteils die Flüssigkeit entzogen. An Bord muss man diese wieder zuführen. Wäre die Luft mit Schadstoffen belastet, würde man diese also nicht nur einatmen, sondern auch über die Nahrung zu sich nehmen. Deshalb wird auch alles, was an Bord mitgenommen wird, vorher genau untersucht. Unsere Kleidung zum Beispiel darf keine chemischen Stoffe beinhalten, die allmählich in die Luft gelangen könnten.

Neben der Sauberkeit spielt Ordnung eine große Rolle. Man hat ja nicht so viel Raum zur Verfügung. Und man muss alles schnell finden können. Deshalb müssen die Dinge einen festen Platz haben. Trotzdem fliegt dir natürlich manchmal etwas weg, ohne dass du es gleich merkst. Wenn du zum Beispiel einen Film wechseln willst und dazu die Schachtel mit den ganzen Kassetten öffnest, versuchen einige sofort, sich selbständig zu machen...«

FREIZEIT IN DER UMLAUFBAHN

↑ Diese Crew vertreibt sich die Zeit an Bord der ISS mit Musik.

Der Bordstundenplan, die sogenannte *timeline*, schreibt vor, was wann zu tun ist. Um die Crew nicht zu überfordern und damit sich alle ihre Mitglieder nach der Arbeit ausruhen können, wird darauf geachtet, dass sie ausreichend Freizeit haben.

Doch was tun Astronauten und Kosmonauten, wenn sie nicht gerade Experimente oder Wartungsarbeiten durchführen müssen? Viel Zeit ist der körperlichen Fitness gewidmet. Da sich in Schwerelosigkeit die Muskulatur zurückbildet, weil sie viel weniger beansprucht wird als auf der Erde, ist regelmäßiges Training für Astronauten im Weltraum Pflicht. Das gilt besonders für Langzeitmissionen, bei denen sich die Besatzung mehrere Monate im All aufhält. Dann muss man immer wieder auf dem Fahrrad-Ergometer in die Pedale treten oder wie im Fitnessstudio auf einem Laufband trainieren. Dabei bewahren am Boden befestigte Bänder, die man wie Hosenträger über die Schultern streift, den Raumfahrer davor, wegzuschweben und nur noch mit den Beinen in der Luft zu strampeln.

Die Abendstunden haben die Raumfahrer dann zur freien Verfügung. Man schaut sich Filme an, liest Bücher oder die Post von der Erde, die in Form von E-Mails eintrifft. Viele Raumfahrer nehmen auch ihre Lieblingsmusik auf CDs in ihrem persönlichen Gepäck mit. Gelegentlich kann ein Crew-Mitglied an Bord der ISS auch per Videokonferenz mit der Familie sprechen: Man unterhält und sieht sich über den Bildschirm.

↑ Wubbo Ockels' goldenes Ei schwebt in der Schwerelosigkeit. Es sollte an das Ei des Kolumbus erinnern, das als Sinnbild für geniale Einfälle steht.

↓ Valerij Tokarew aus Russland auf dem Laufband. Orangefarbene Gurte ziehen ihn nach unten. Die Erkenntnisse, die man im All über den Ab- und Aufbau von Muskeln gewinnt, helfen auch dabei, Patienten zu behandeln, die nach Unfällen oder nach langer Krankheit wieder zu Kräften kommen müssen.

WUBBO OCKELS war 1985 als erster niederländischer Astronaut im All. Hier sieht man ihn beim Experimentieren. Das Notizbuch hat er sich ans Bein geschnallt. ....

»Anders als bei Langzeitmissionen gab es auf unserem Flug kaum Freizeit. Wir waren ja mit dem Shuttle nur sieben Tage lang im All und haben in dieser einen Woche im Spacelab viele Experimente durchgeführt, die Wissenschaftler jahrelang vorbereitet hatten. Da will man sein Bestes geben und achtet nicht auf den Feierabend.

Die Arbeit war in zwei Zwölf-Stunden-Schichten eingeteilt, so dass rund um die Uhr geforscht werden konnte. Ich arbeitete in einer zusätzlichen Schicht, die 14 Stunden dauerte. Jeden Tag – sofern man im Weltraum von Tagen sprechen kann – ging ich daher etwas später ins Bett. Doch natürlich musste man sich auch zwischendurch einmal kurz ausruhen. So gab es ein ganz klein wenig Zeit zum Entspannen. Die nutzten wir eigentlich immer nur für zwei Dinge: Erstens war es wunderbar, aus dem Fenster zu schauen und die Erde zu betrachten. Die vorderen Cockpit-Fenster der Raumfähre sind dafür besonders geeignet. Wenn man sich davor auf den Rücken drehte, also mit dem Gesicht nach oben, konnte man den Ausblick auf unseren Planeten genießen. Ich setzte dann dazu meinen Walkman auf und hörte Musik: ›Rocket Man‹ von Elton John, Songs von Tina Turner und Prince und vor allem die Musik aus dem Film *2001 – Odyssee im Weltraum*.

Zweitens genossen wir es, mit der Schwerelosigkeit zu spielen. Wir ließen Flüssigkeiten durch die Luft schweben und sahen den Tropfen zu, die umherwaberten, bis wir sie wieder einfingen. Außerdem darf ja jeder Astronaut einige persönliche Gegenstände auf den Flug mitnehmen. Ich hatte ein goldenes Ei mit an Bord, das ich auch in der Schwerelosigkeit fotografiert habe. Es war als Symbol gedacht – in Anlehnung an das berühmte Ei des Kolumbus.«

VOR DEM SCHLAFEN: BITTE ANSCHNALLEN!

↑ Klaus-Dietrich Flade war 1992 auf der russischen Station MIR. Links im Hintergrund hängt sein Schlafsack – mit Gurt zum Festschnallen. Außerdem im Bild: eine Maus. Für eine deutsche Kindersendung hatte er die bekannte TV-Figur aus Stoff mit an Bord.

Zum Thema Schlafen im All gibt es viele seltsame Geschichten. So sehen Raumfahrer manchmal Lichtblitze, wenn sie die Augen schließen. Die ersten Astronauten verschwiegen dieses rätselhafte Erlebnis zunächst. Sie befürchteten, man könne sie für fluguntauglich erklären. Später stellte sich heraus, dass die Blitze entstehen, wenn kleinste Teilchen, die von der Sonne ausgestrahlt werden, auf die Netzhaut treffen.

Wer nicht wie die Stammbesatzung der ISS eine eigene Kabine hat, muss seinen Schlafsack gut an einer Wand befestigen, damit er nachts nicht durch die Gegend schwebt. Außerdem muss man für die Nachtruhe einen Ort wählen, der im Luftzug der Klimaanlage liegt. Auf der Erde steigt die ausgeatmete Luft, weil sie wärmer ist, automatisch nach oben. In Schwerelosigkeit aber bleibt sie einfach vor dem Gesicht. Ohne künstliche Luftzirkulation würde man so eine Blase aus Kohlendioxid um sich herum produzieren, was im schlimmsten Fall sogar zum Tod führen könnte.

Die ISS umfliegt die Erde in nur 90 Minuten. Immer wieder klettert die Sonne über den Horizont und verschwindet dann erneut. 16 Sonnenauf- und -untergänge kommen so pro Tag zustande, was unser Zeitgefühl ganz schön durcheinanderbringen kann.

Morgens klingelt der Bordcomputer. In Raumfähren wird die Crew gelegentlich mit einem Lied geweckt, das vom Kontrollzentrum über die Bordlautsprecher eingespielt wird. Der Tipp, wer welche Musik mag, stammt oft von den Familien der Astronauten.

↑ Die Schlafkabinen des Shuttles sind nicht besonders geräumig. Diese drei amerikanischen Astronauten scheinen dennoch guter Laune zu sein. Die beiden Raumfahrer links tragen Armbänder mit Sensoren für ein medizinisches Experiment auf dem Gebiet der Schlafforschung. So will man untersuchen, was sich bei Schlafstörungen im Organismus abspielt und wie man ohne starke Schlafmittel Abhilfe schaffen kann. Astronauten sind für diese Untersuchungen ideale Kandidaten: Viele von ihnen schlafen im All schlechter ein, da der ständige Wechsel von Tag und Nacht in der Umlaufbahn den normalen Rhythmus durcheinanderbringt. Die Wissenschaftler hoffen, damit auch Menschen auf der Erde helfen zu können, die häufig den Schlafrhythmus ändern müssen, wie Schichtarbeitern oder Piloten.

↓ Beim Schlafen in der Schwerelosigkeit streckt man unwillkürlich die Arme von sich, die dann leicht angewinkelt in der Luft schweben und gelegentlich hin und her wackeln. In dieser Position befinden sich alle Muskeln in Schultern und Armen in völliger Entspannung. Das Foto zeigt den kanadischen Astronauten Bjarni V. Tryggvason.

ERNST MESSERSCHMID flog 1985 ins All. Das Foto zeigt, wie er im Spacelab eine Probe aus einem Ofen nimmt. Er trägt Sensoren für medizinische Versuche.

»Ich hatte mich gerade zum ersten Mal während des Fluges zum Schlafen hingelegt – in eine dieser kleinen Kojen, wie es sie auch auf Schiffen gibt. Es dauerte Stunden, bis ich einzuschlafen begann. Offenbar wirkte das Erlebnis des Starts noch nach, und ich dachte auch an das anstrengende Programm des folgenden Tages. Und gerade als ich endlich müde wurde, rund vier Stunden vor dem geplanten Aufstehen, passierte es: ein Lichtblitz, dann ein Moment Ruhe, dann der nächste. Mal im einen Auge, mal im anderen wurde es kurz hell. Ich fragte per Funk im Cockpit nach, ob wir gerade über Argentinien in Richtung Atlantik fliegen, denn an dieser Stelle ist das Magnetfeld der Erde etwas ›verbeult‹, so dass man dort von jenen elektrisch geladenen Teilchen, die die Sonne aussendet, getroffen werden kann. Und genau so war es. Wir ließen gerade die südamerikanische Küste hinter uns. Nach ein paar Minuten war der Spuk vorbei – und ich konnte endlich einschlafen.

Am nächsten Morgen war ich nicht wirklich ausgeschlafen. Ich litt auch anfangs ein wenig unter der Raumkrankheit. Der Tag sah Arbeit für 14 Stunden vor, 17 sind es dann wegen einiger Reparaturen geworden. Doch da muss man als Astronaut durch. Wir hatten während des Fluges schließlich rund 70 Experimente im Weltraumlabor Spacelab durchzuführen, das hinten in der Ladebucht unserer Raumfähre untergebracht war.

Als wir am Ende das gesamte Programm geschafft hatten, war ich zufrieden und begeistert: Bei vielen Versuchen war ich der erste Mensch, der das Verhalten von Menschen, Tieren, Pflanzen und Materie ohne den Einfluss der Schwerkraft beobachten konnte. Für einen Wissenschaftler ist das großartig!«

NOTFALL: FEUER AN BORD!

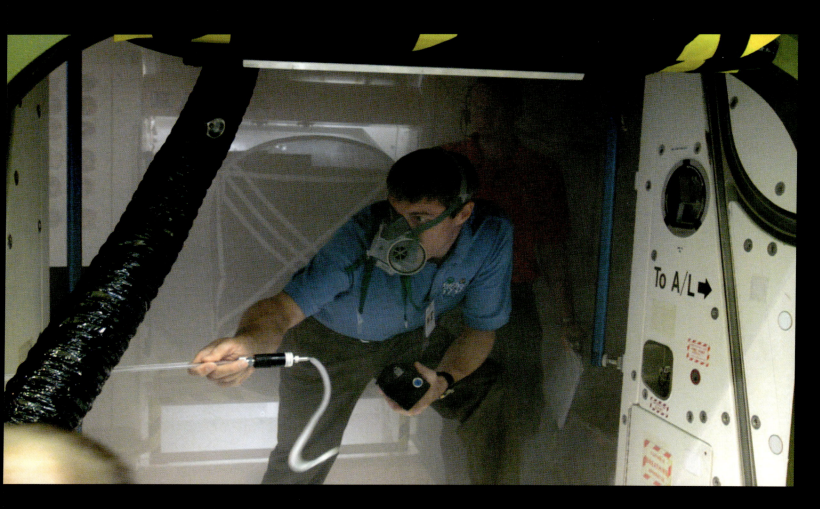

↑ Der russische Kosmonaut Sergej Krikaljew übt das Feuerlöschen in einem Simulator der Internationalen Raumstation. Krikaljew war sechsmal im All – häufiger und mit insgesamt über 800 Tagen länger als jeder andere Raumfahrer der Welt.

Die Kapsel ist seit einigen Stunden unterwegs, als plötzlich der Druck in der Kabine abfällt. Offenbar hat ein kleiner Meteorit oder ein Stück ➽ WELTRAUMMÜLL ein Loch in die Wand gerissen. Die Anzeigen schlagen Alarm, die Atemluft droht knapp zu werden. Doch die Astronauten sind nicht wirklich in Gefahr, denn die Situation ist nur Teil des Trainings. Die Mannschaft sitzt in einem jener Simulatoren, in denen alle denkbaren Notfälle viele Male durchgespielt werden.

Sollte es im All wirklich zu einem ernsten Problem kommen, ist die Crew darauf vorbereitet. Es gibt klare Handlungsanweisungen für jede erdenkliche Situation. Dadurch sind zwar nicht alle Gefahren gebannt – schließlich kam es in der Geschichte der Raumfahrt auch zu schweren Unglücken –, doch in vielen Fällen konnte die professionelle Schulung verhindern, dass aus einem Problem ein echter Notfall wurde.

Vor allem der Vorläufer der ISS, die russische Raumstation MIR, war gegen Ende ihrer Dienstzeit Schauplatz einiger Zwischenfälle: Einmal fielen Strom und Navigationssysteme aus, dann rammte ein unbemannter Transporter die Station. Raumfahrer wissen: Das Risiko fliegt immer mit. Raumflüge und Aufenthalte im All sind technisch anspruchsvolle Unternehmen, und sie finden fernab von der Erde in einer lebensfeindlichen Umwelt statt. Worauf es ankommt, ist, die Gefahren so gering wie möglich zu halten.

REINHOLD EWALD vor dem Tauchtraining. 1997 war der ESA-Astronaut im Auftrag des Deutschen Zentrums für Luft- und Raumfahrt (DLR) auf der Station MIR.

↓ Ein Astronaut trainiert unter Wasser den Notausstieg ins All. Im Ernstfall könnte ein außerplanmäßiger Einsatz im freien Weltraum nötig werden, um dringende Reparaturarbeiten durchzuführen.

»Wir waren sechs Raumfahrer an Bord. Bei einer so großen Crew musste die Luft mit Sauerstoff angereichert werden. Ein russischer Kollege wollte daher gerade eine neue Sauerstoffpatrone anschließen, als plötzlich eine helle Stichflamme an ihm vorbeischoss. Offenbar war der Verschluss defekt. Es brannte lichterloh. Ich rief das russische Wort für Feuer – und unser Kampf gegen Flammen und Rauch begann. Der Kommandant gab Anweisungen, wir holten Feuerlöscher und setzten Gasmasken auf. Es dauerte etwas, bis der Brand gelöscht war, da der ausströmende Sauerstoff dem Feuer Nahrung gab.

Vor lauter Qualm konntest du die eigenen Hände nicht sehen. Wir wussten, dass der Sauerstoffvorrat in den Masken nicht mehr lange reichen würde. Also mussten wir schnell entscheiden, ob wir die Station verlassen und mit den beiden Sojus-Kapseln einen Rücksturz zur Erde unternehmen sollten. Ausgerechnet in dieser Situation war kein Kontakt mit dem Kontrollzentrum möglich. Das war erst wieder am nächsten Morgen der Fall, als wir eine Empfangsstation überflogen. Wir entschieden, an Bord zu bleiben. Über Amateurfunk setzten wir Funksprüche ab: ›Notfall an Bord. Crew wohlauf.‹

Das größte Problem war der Rauch. Wir wussten nicht, ob er giftige Substanzen enthielt. Doch allmählich wurde die Luft dank der Filteranlagen wieder klarer, und wir trauten uns, die Masken abzusetzen – erst der Kommandant, während wir ihm zusahen: Bekommt er blaue Lippen, wird er gar ohnmächtig? Als nichts geschah, setzten wir alle die Gasmasken ab. Wir begannen mit stundenlangen Aufräumarbeiten. Dann ruhten wir uns aus. Wir waren so erschöpft und durstig, dass wir den ganzen Vorrat an Kaffee und Tee austranken. Am nächsten Morgen setzte ich die Arbeit an den Experimenten fort.«

➻ Als **WELTRAUMMÜLL** bezeichnet man alle Teile, die ohne Funktion die Erde umkreisen. Das können ausgebrannte Reste einer Rakete sein oder auch nur eine Schraube, die sich von einem alten Satelliten gelöst hat. Seit den Anfängen der Raumfahrt hat sich eine Menge Schrott in verschiedenen Bahnhöhen um die Erde angesammelt. Da die Bruchstücke eine sehr hohe Geschwindigkeit haben, können sie wie Geschosse auf einen Satelliten oder die ISS auftreffen. In den letzten Jahren mussten Raumfähren und die ISS mehrfach derartigen Teilen ausweichen. Das geht aber nur, wenn diese von den Frühwarnsystemen rechtzeitig erkannt werden. Dann erteilt das Kontrollzentrum der ISS-Besatzung die Anweisung, die Bahnhöhe der Station zu verändern. Kleinere Teile, die nicht geortet werden können, stellen aber nach wie vor ein Risiko dar. Alle Raumfahrtnationen sind sich daher einig: Weiteren Weltraumschrott muss man auf jeden Fall vermeiden.

DER BLICK AUF DIE ERDE

↑ Der deutsche Astronaut Gerhard Thiele schaut aus den Flightdeck-Fenstern des Shuttles.

Fast alle Raumfahrer erzählen, wie schön unsere Erde von oben betrachtet aussieht. Sie bekommen zwar heute in der Umlaufbahn um unseren Planeten nicht – wie einst die Apollo-Astronauten auf ihren Mondflügen – die gesamte Erdkugel auf einen Blick zu sehen, denn dafür befinden sie sich zu dicht über der Oberfläche. Aber man überschaut doch ganze Regionen wie etwa die Alpen oder die karibische Inselwelt. Mit Teleobjektiven lassen sich auch Details erkennen: Flüsse, Felder, sogar Straßen und einige große Bauwerke wie die ägyptischen Pyramiden. Die Chinesische Mauer dagegen ist zu schmal, um aufzufallen. Der erste chinesische Raumfahrer, der 2003 die Erde umkreiste, berichtete jedenfalls später enttäuscht, er habe sie nicht gesehen. Erfahrene amerikanische Astronauten meinten dagegen, sie sei bei idealem Wetter mit einem Teleobjektiv als hauchdünne Linie auszumachen.

Umgekehrt können wir von der Erde aus die ISS selbst mit bloßem Auge erkennen. Das geht aber nur, wenn die Station sich direkt über uns befindet. Außerdem muss sie von der Sonne angestrahlt werden, und der Himmel hinter ihr muss dunkel sein. Das ist nur morgens oder abends der Fall. Mit etwas Glück sieht man die Raumstation dann als leuchtenden Punkt, wobei sie relativ schnell am Himmel entlangzieht. Nachdem sie am Horizont aufgetaucht ist, braucht sie etwa drei Minuten, bis sie auf der anderen Seite wieder verschwindet.

Welche Gebiete werden von der ISS überflogen und welche nicht? Nord- und Südpol geraten nie ins Blickfeld der Crew. Das liegt daran, dass die Umlaufbahn der ISS, die man sich als großen Ring um die Erde herum vorstellen kann, gegenüber dem Äquator schräg geneigt ist – und zwar um 51,6 Grad. An der nördlichsten Stelle reicht sie bis auf die Höhe von Berlin, auf der Südhalbkugel bis fast an die Spitze Südamerikas. Alles, was jenseits dieser Breitengrade von 51,6 Grad liegt, wird nicht überflogen. Hinzu kommt Folgendes: Während die ISS in 90 Minuten einmal die Erde umrundet, dreht sich unser Planet ostwärts weiter. Die ISS fliegt dann also nicht wieder über dieselbe Stelle wie zuvor, sondern entlang eines Streifens, der einige hundert Kilometer weiter westlich liegt. So zieht die Station, würde man ihre Bahn auf einen Globus malen, einen Ring nach dem anderen um die Erde. Wann genau die ISS wo zu sehen ist, erfährt man auf der ESA-Homepage im Internet unter www.esa.int. Bei der Beobachtung sollte man die Nähe von starken Lichtquellen wie Straßenlaternen vermeiden, da sie das Auge blenden. Dass der Himmel außerdem nicht stark bewölkt sein darf, versteht sich von selbst.

GERHARD THIELE nahm im Jahr 2000 an einem Shuttle-Flug teil, der dazu diente, eine genaue 3-D-Karte der Erde anzufertigen. Später wurde er Leiter des ESA-Astronautenteams.

»Ich musste nach der Aufstiegsphase des Shuttles den externen Tank fotografieren, nachdem er abgeworfen worden war. Die Fotos werden später ausgewertet. Bei meinem ersten Blick aus dem Fenster habe ich die Erde daher gar nicht richtig wahrgenommen. Später aber konnte ich ab und zu nach außen schauen. Besonders wenn du von der Tagseite der Erde in die Nacht fliegst, wird dir ein faszinierendes Schauspiel geboten.

Einmal überquerten wir nachts Frankreich. Dünne Wolken bedeckten das Land, und die Lichter der Städte schimmerten wie Perlmutt durch die Wolkendecke. Schon zwei, drei Minuten später flogen wir über Italien. Der ganze Stiefel, die gesamte Küstenlinie: eine Kette von Lichtern. Schließlich wurde es schwarz: Wir waren über dem Mittelmeer. Absolut nichts zu sehen. Und dann, am Horizont: ein endloses Lichterband – der Nil mit den Siedlungen an seinen Ufern. Die Nächte über Afrika waren besonders interessant: Gewitter entluden sich mit Blitzen, die erst an einer Stelle aufzuckten und sich dann über riesige Gebiete immer weiter fortsetzten. Ein wahres Feuerwerk! Auch Polarlichter sieht man. Wir sind sogar am ersten Tag unserer Mission mit dem Shuttle direkt durch sie hindurchgeflogen. Ich sah, wie wir auf diese seltsamen, bunt schillernden Strukturen zusteuerten. Es war wie ein Vorhang aus Licht.

Natürlich ist der Blick auf die Erde auch bei Tag fantastisch. Und dann die Atmosphäre: Sie ist so unfassbar dünn. Wie ein bläulich schimmerndes Blatt Papier. Kaum vorstellbar, dass eine solch zarte Lufthülle alles Leben auf der Erde ermöglicht hat. Ich wusste natürlich schon vor meinem Flug, dass wir sorgsam mit unserer Umwelt umgehen müssen. Doch die Welt so mit eigenen Augen zu sehen war sehr viel bewegender.«

↑ Blick auf die Sahara

↗↗ Die Nordwestküste Frankreichs

↓ Eine der Fidschi-Inseln im Pazifik

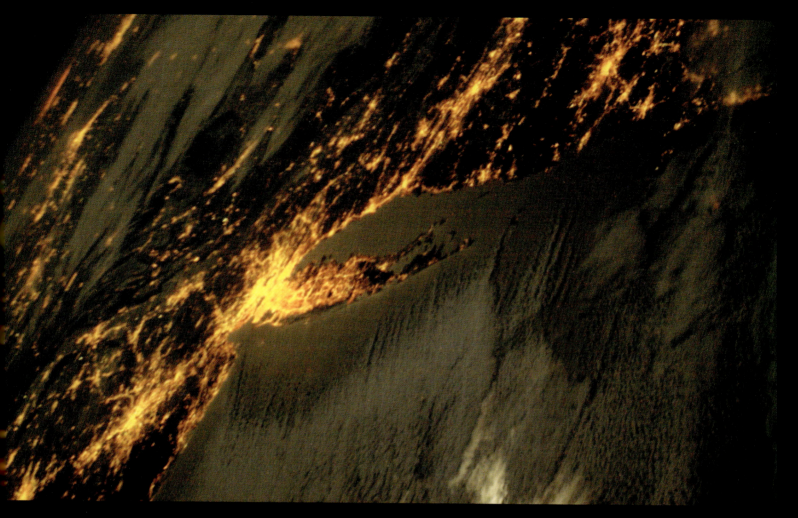

↑ Die Ostküste der USA mit New York bei Nacht

→ Polarlichter, gesehen aus der Umlaufbahn. Im Vordergrund erkennt man die Ladebucht des Shuttles, in der sich ein großes Radarinstrument zur Vermessung der Erdoberfläche befindet, und dahinter das Heck der Raumfähre mit dem Leitwerk.

02 MIT ASTRONAUTEN INS ALL

80
81

SONNE, MOND UND STERNE

Einige Astronauten lieben das Gefühl der Schwerelosigkeit. Viele berichten begeistert von der Aussicht auf die Erde. Und wieder andere beeindruckt besonders der Anblick unseres Universums. Man könne sich das tiefe Schwarz des Alls mit den strahlend hellen Sternen darin überhaupt nicht vorstellen, erzählen sie. Das Universum bietet ein ganz anderes Bild als der nächtliche Sternenhimmel auf der Erde: Von hier unten aus betrachtet, erscheint der Himmel zweidimensional, wie ein großes, flaches Dach. Wenn man aber selbst im All ist, außerhalb der Station, ist man umgeben von Sternen – in allen Richtungen!

Auf Fotos lässt sich das kaum wiedergeben: Dafür sind selbst beste Kameras noch zu lichtschwach. Ganz anders sieht das aus, wenn es nicht um normale Fotoapparate, sondern um hochempfindliche Sensoren geht, die auf Satelliten zum Einsatz kommen: Sie liefern einzigartige Daten und Bilder von unserer Milchstraße, aber auch von fernen Galaxien.

Sonne und Mond sorgen für weitere »Glanzlichter«. Besonders faszinierend sieht es aus, wenn die Sonne am Horizont auf- oder untergeht und ihr Licht die einzelnen Schichten der Atmosphäre eindrucksvoll verfärbt. Grüne Polarlichter umspielen die Erde, Gewitter bieten mit ihren Blitzen besonders in den Tropen ein wahres Spektakel, und das Lichtermeer der großen Städte leuchtet auf der Nachtseite unserer Welt.

↑ Der Mond, gesehen aus der Umlaufbahn. Er erscheint hier nur deshalb so groß, weil ein Teleobjektiv verwendet wurde. Die Astronauten befinden sich in ihrer Umlaufbahn ja nur 400 Kilometer über der Erde – verglichen mit den 400 000 Kilometern bis zum Mond ist diese Entfernung verschwindend gering.

Eines der unglaublichsten Phänomene während eines Raumfluges betrifft die Zeit: Die Uhren an Bord gehen langsamer als jene auf der Erde. Um genau zu sein: Nicht die Uhren ticken langsamer, sondern die Zeit selbst vergeht weniger schnell! Die Crew bekommt davon nichts mit – für sie verläuft die Zeit ganz normal. Doch wenn man eine extrem genaue Uhr auf den Flug mitnimmt und sie danach mit einer exakt gleichen Uhr, die am Boden zurückgelassen wurde, vergleicht, ergeben sich winzige Unterschiede: Die Borduhr geht etwas nach! Das macht bei einem mehrwöchigen Flug nur Bruchteile einer Millionstelsekunde aus, ist aber messbar. Vorhergesagt hatte dies bereits Albert Einstein, der wohl genialste Physiker des letzten Jahrhunderts, in seiner berühmten Relativitätstheorie. Das alles mag absurd klingen und ist auch nur sehr schwer zu erklären. Doch für Raumfahrtexperten gehört es längst zum Alltag: Navigationssatelliten etwa würden ganz falsche Positionen anzeigen, wenn man nicht mitberechnen würde, dass ihre Borduhren anders gehen als die auf der Erde.

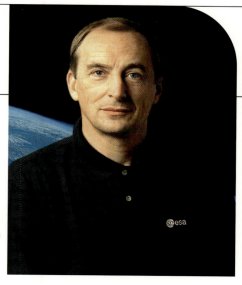

JEAN-PIERRE HAIGNERÉ flog 1993 im Auftrag der französischen Raumfahrtagentur CNES zur russischen Station MIR. Sechs Jahre später besuchte er die Station ein weiteres Mal: Sein Aufenthalt an Bord dauerte ein halbes Jahr.

»Ich öffnete die Luke, lehnte mich aus der Station und schwebte hinaus – nur noch durch eine Sicherheitsleine mit der Station verbunden. Was ich sah, war überwältigend: tief unter mir die blaue Erde. 400 Kilometer unter meinen Füßen! Ich schaute auf und blickte direkt in die Sonne: eine wahre Explosion von Helligkeit! Ich war so gebannt, dass ich vergaß, das Schutzvisier meines Helmes herunterzuklappen. Und dann die Sterne. Sie wirken nicht, als ob sie näher wären – denn du bist von ihnen ja noch immer viele Milliarden Kilometer und sogar Lichtjahre entfernt –, aber du siehst viel mehr Sterne als von der Erde aus, wo die Atmosphäre den Blick trübt. Du siehst sie alle! Überall, in allen Richtungen, wohin du auch schaust.

Da beginnst du zu ahnen und zu fühlen, dass du ein Teil dieses Universums bist, allerdings nur ein sehr kleiner Teil: nur ein wenig Staub. Natürlich darf man sich in keiner Flugphase von seinen Gefühlen überwältigen lassen. Schließlich ist man hier oben, um Experimente durchzuführen und viele andere Aufgaben zu erledigen. Aber zweifellos ist das alles sehr beeindruckend. Das gilt auch für den Mond: Du siehst ihn wie eine große Kugel dort hinten am Horizont der Erde aufgehen, du siehst, wie er die noch viel größere Kugel, unseren eigenen Planeten, umkreist. Ein kosmisches Spiel. Und du bist mittendrin.

Es ist ein wenig unwirklich, fast wie in einem Traum. Allmählich verstehst du: Raumfahrt, der Flug ins All – das ist eine große Entdeckungsreise. Aber wir entdecken in der Umlaufbahn ja keinen neuen Kontinent, erkunden keine bislang unbekannten Länder. Wir sammeln wissenschaftliche Erkenntnisse, um unsere Welt, uns selbst und unseren Platz im Universum besser zu verstehen.«

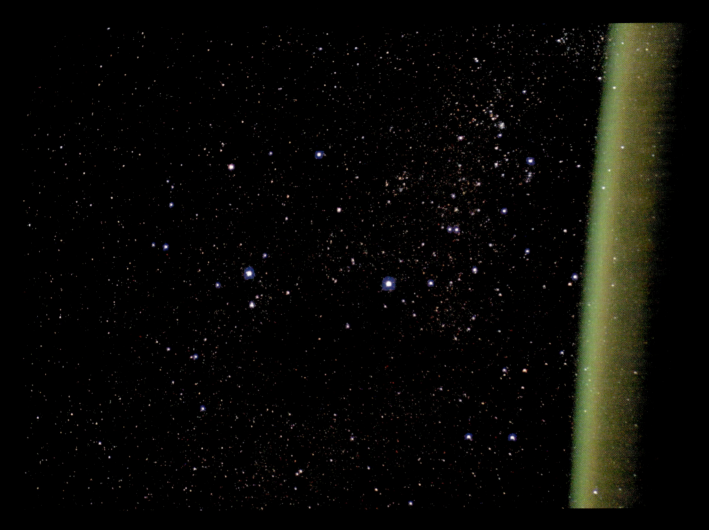

↑ Eines der wenigen von Astronauten aufgenommenen Bilder, die Sterne zeigen. Das grünliche Leuchten der Atmosphäre, das hier ebenfalls zu sehen ist, wird als *air glow* bezeichnet. Es entsteht durch komplizierte Prozesse in den äußeren Schichten der Lufthülle unseres Planeten.

↗ Die Sonne geht über dem Horizont der Erde auf.

→ Ein Bild mit Seltenheitswert gelang Jean-Pierre Haigneré, als er 1999 für ein halbes Jahr an Bord der russischen Raumstation MIR war: Es zeigt den Schatten, den der Mond bei einer Sonnenfinsternis auf die Erde wirft, wenn also Sonne, Mond und Erde genau in einer Linie stehen und der Mond dadurch kurzzeitig – von der Erde aus gesehen – den Blick auf die Sonne verdeckt.

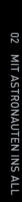

ÜBER 1000 GRAD: EINE HEISSE HEIMREISE

↑ Eine Sojus-Landekapsel setzt in der Steppe Kasachstans auf. Das Foto wurde von einem der Hubschrauber gemacht, die im Landegebiet kreisen und die Crew nach der Rückkehr zur Erde aufnehmen.

Mit dem ▶▶ **ABKOPPELN** von der ISS beginnt die Heimreise. Nach dem Ablegen verlangsamen Raumfähren und Sojus-Kapseln ihre Geschwindigkeit, so dass sie auf niedrigere Umlaufbahnen kommen. Der Shuttle führt dabei einige komplizierte Bremsmanöver durch, die Sojus hingegen »fällt«, mit dem Hitzeschutz nach unten, in Richtung Erde. Der Shuttle gleitet schließlich ohne Antrieb der Landebahn entgegen, die Sojus-Kapsel wird von einem großen Fallschirm und Bremstriebwerken abgebremst.

Entscheidend ist beim Wiedereintritt in die Atmosphäre der richtige Winkel, denn die Luftschichten bilden einen erheblichen Widerstand. Wäre der Winkel zu flach, würde die Raumfähre oder -kapsel von der Lufthülle der Erde abprallen. Wäre er zu steil, würde sie durch die enorme Reibungshitze verglühen. Doch auch bei einer korrekten Flugbahn stellen die extremen Temperaturen von über 1000 Grad Celsius höchste Anforderungen vor allem an den Schutzschild aus hitzebeständigem Material. Um die Fähre oder Kapsel herum brennt regelrecht die Luft, und die Crew kann durch die Fenster den »Feuerball« sehen, der sie umgibt.

Der Funkverkehr fällt während dieses Flammeninfernos vorübergehend aus. Wenn sich die Crew schließlich wieder meldet und wenig später sicher gelandet ist, ist man in den Kontrollzentren natürlich erleichtert. Das sind auch die Raumfahrer – davon abgesehen, dass viele am liebsten so bald wie möglich wieder ins All fliegen möchten.

SIGMUND JÄHN, erster Deutscher im All, schreibt, einer alten Tradition folgend, nach der Landung seinen Namen auf die russische Kapsel. ....

↓ Am Fallschirm schwebt die Sojus-Kapsel der Erde entgegen.

»In rund 100 Kilometern Höhe beginnt der Wiedereintritt in die Atmosphäre. Man ist da immer noch sehr schnell, weit über sieben Kilometer pro Sekunde. Die Reibung an den Luftschichten, die nach unten hin immer dichter werden, bremst die Kapsel dann auf etwa 150 Meter pro Sekunde ab. Durch das seitliche Bordfenster sah ich, wie das rot glühende Isoliermaterial des Hitzeschutzschilds wegflog. Russische Kapseln verwenden nämlich eine Masse, die beim Wiedereintritt teilweise abbrennt und so die Hitze abführt. Während des Übergangs von Über- zu Unterschallgeschwindigkeit empfand ich die Vibrationen der Kapsel besonders stark. Angst hatte ich jedoch nicht. Im Gegenteil: Mir hat die ungewöhnliche letzte Etappe des Raumfluges eigentlich Freude gemacht – ändern kann man in dem Moment ohnehin nichts mehr.

In etwa acht Kilometern Höhe öffnet sich dann der Fallschirm, und kurz vor dem Aufsetzen zünden die Bremsraketen. In unserem Fall war die Landung jedoch keineswegs weich. Wir waren von den Hubschrauberpiloten über starken Wind informiert worden. Er sorgte dafür, dass die Kapsel schräg in der Luft lag. Dadurch gaben uns die Bremsraketen, die in etwa einem Meter Höhe vor der Bodenberührung zünden und das Aufsetzen nochmals verlangsamen sollen, eher noch ein zusätzliches Kippmoment. Außerdem fiel der Fallschirm wegen des starken Windes nicht in sich zusammen. Er schleppte uns weiter und zog uns über die Steppe. Als sich die Kapsel mit einem Krachen überschlug, dachte ich: Nur gut, dass wir uns noch einmal richtig festgezurrt haben. Es war wirklich keine Bilderbuchlandung – aber wir waren glücklich wieder auf der Erde.«

➤➤ Vor dem Wiedereintritt und der Landung findet das **ABKOPPELN** von der Raumstation statt. Bereits ein bis zwei Tage vor der Rückkehr zur Erde wird alles gut und sicher verpackt, was es von der Station mitzunehmen gilt. Dabei muss wie bei einem Flugzeug oder Schiff beachtet werden, dass das Gewicht gleichmäßig verteilt und rutschsicher verstaut ist. Für die Crew, die zur Erde zurückfliegt, nähert sich die Reise ihrem Ende. Für die beiden Astronauten aber, die von nun an sechs Monate lang allein an Bord der ISS im All bleiben werden, ist es ein eigenartiger Moment, wenn die Kollegen die Station verlassen haben. Einige beschreiben die Situation als unwirklich und seltsam, andere sind einfach froh, wenn sie wieder mehr Platz und Ruhe haben ...

ZURÜCK AUF DER ERDE: DIE TAGE DANACH

↑ Eine Raumfähre unmittelbar vor dem Aufsetzen auf der Landebahn

In der Raumfahrt wird zwischen Flug und Mission unterschieden: Der Flug beginnt mit dem Start und endet mit der Landung. Die Mission aber, das gesamte Projekt, schließt die Planung, Auswahl und Vorbereitung der Experimente sowie die Ausbildung der Crew ein. Und so ist auch nach der Landung noch lange nicht alles vorbei. Die wissenschaftlichen Daten müssen ausgewertet werden, und vieles, was sich während des Fluges ereignet hat, wird gründlich analysiert.

Die Astronauten stehen zunächst noch unter ärztlicher Betreuung. Insbesondere nach langen Aufenthalten in der Schwerelosigkeit dauert es einige Tage und Wochen, bis sich der Organismus wieder an die Erdanziehung gewöhnt hat. Anfangs ist alles unendlich schwer – schon das Aufstehen oder Gehen strengt an. Dann aber bessert sich das Befinden allmählich. Für die Auswertung der medizinischen Experimente ist dieser Erholungsprozess von besonderer Bedeutung. Die Mediziner wollen verstehen, wie schnell sich der Körper an die neue Situation anpassen kann und was dabei im Organismus passiert. Also werden vor allem die Wissenschaftsastronauten, die im All an sich selbst Experimente durchgeführt haben, regelmäßig untersucht. Außerdem nimmt die Crew an Besprechungen teil, in denen der Flug analysiert wird, denn ihr Erfahrungsschatz ist unverzichtbar, wenn es um die Vorbereitung der nächsten Flüge geht.

Was machen Astronauten, wenn sie nicht im All sind? Beispielsweise trainieren sie, um in der Übung zu bleiben. So muss man eine bestimmte Anzahl von Flugstunden nachweisen, um seine Lizenz als Flugzeugpilot nicht zu verlieren. Hinzu kommen Einheiten, mit denen man neue Qualifikationen erwirbt. Außerdem sitzen Astronauten als »Capcom« während des Fluges ihrer Kollegen im Kontrollzentrum: Damit die Crew im All nicht mit unterschiedlichen Anweisungen verwirrt wird, darf nur der Capcom mit ihr sprechen und übermitteln, was die Experten besprochen haben. Schließlich bringen Astronauten ihre Kenntnisse in andere Bereiche der Raumfahrt ein – etwa bei der Entwicklung neuer Raumgleiter. Und einige Raumfahrer, die aus dem Kader ausgeschieden sind, geben ihr Wissen in der Industrie oder als Universitätsprofessoren weiter.

HANS SCHLEGEL – hier im Shuttle-Simulator – flog 1993 mit einer Raumfähre ins All. Zurzeit bereitet er sich auf eine weitere Mission vor.

»Schon vor dem Ende des Fluges macht man wieder mit der Erdanziehung Bekanntschaft. Das beginnt im Shuttle etwa 40 Minuten vor dem Aufsetzen: Da werden erstmals die Triebwerke gegen die Flugrichtung gezündet, und die Raumfähre wird dadurch abgebremst. Dinge wie etwa ein Handbuch, die eben noch schwebten, beginnen ganz sachte nach vorne zu fallen. Diese geringe Schwerkraft ist zuerst noch ganz angenehm: Deine Schultern kommen wieder in die normale Position, die Wangen liegen wieder etwas mehr an – alles normalisiert sich. Doch der Shuttle sinkt sehr schnell in Richtung Erde. Immer stärker wird man in den Sitz gedrückt, wobei die Beschleunigung bis zu 1,8 g erreicht. Es fällt schwerer zu atmen, man fühlt sich wie nach einer mehrstündigen Bergwanderung.

Nachdem wir gelandet waren und den Shuttle verlassen hatten, mussten wir verschiedenste Untersuchungen über uns ergehen lassen. Die Mediziner wollten sehen, wie schnell sich der Körper wieder an die Schwerkraft anpasst. Man muss auf Kommando aufstehen und ausprobieren, wie lange man still stehen kann, ohne dass Blutdruck und Herzfrequenz Probleme machen. Dauernd werden Blutproben genommen. Tatsächlich hat man am Anfang einige Schwierigkeiten mit der Orientierung. Das Gleichgewichtsorgan, das sich im Innenohr befindet, arbeitet zunächst nicht mehr richtig: Wenn du einen Flur entlangläufst und dann seitlich durch eine Tür gehen willst, triffst du die Tür nicht. Fast jeder stolpert da erst einmal gegen den Türrahmen. Man kommt sich vor wie ein junger Hund, der laufen lernt. Am ersten Abend fällt man völlig erschöpft ins Bett. Und wenn man dann die Augen schließt, hat man plötzlich das Gefühl, wieder schwerelos zu schweben wie im All.«

AUSBLICK

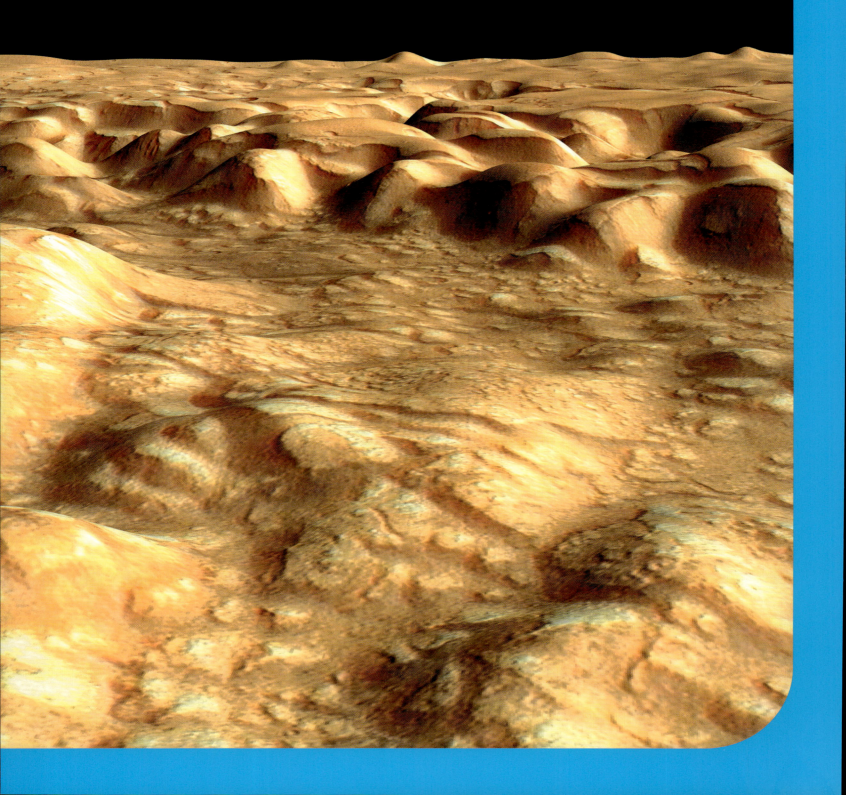

Vor rund 50 Jahren stießen die ersten Menschen in den Weltraum vor: Das Zeitalter der bemannten Raumfahrt begann.

Heute starten Astronauten mehrmals pro Jahr zur Internationalen Raumstation – als wäre es die normalste Sache der Welt. Tatsächlich aber ist die Raumfahrt immer noch ein großes Abenteuer: Trotz strenger Sicherheitsvorkehrungen fliegt das Risiko stets mit. Zugleich liefern diese Missionen unablässig neue Erkenntnisse. Und die nächsten kühnen Ziele werden schon ins Auge gefasst: Eine Station auf dem Mond will man errichten und dann sogar noch weiter hinaus bis zum Mars fliegen.

Zwei Jahre wird der Flug zu unserem Nachbarplaneten und wieder zurück mindestens dauern, und noch viele technische Probleme müssen vorher gelöst werden. Doch was für aufregende Zeiten stehen uns bevor! Vielleicht kommen die ersten Raumfahrer auf dem Mars ja dem großen Rätsel, ob es dort einmal einfaches Leben gegeben hat oder sogar noch gibt, auf die Spur? In jedem Fall sind die Menschen, die in 20 oder 30 Jahren als Erste ihren Fuß auf den geheimnisvollen Roten Planeten setzen werden, heute schon geboren. Das gilt auch für die meisten, die an diesem Projekt mitwirken werden: als Ingenieure, Wissenschaftler, Astronautentrainer oder als Experten im Kontrollzentrum – auch wenn sie heute noch zur Schule gehen und nicht einmal ahnen, dass sie eines Tages an einer der faszinierendsten Unternehmungen der Menschheit mitarbeiten werden ...

GLOSSAR

A

ANDOCKEN: Ankoppeln eines Raumschiffs oder einer Raumfähre zum Beispiel an eine Raumstation. Im Gegensatz dazu wird das Ablegen, also das Lösen von der Station vor der Rückkehr zur Erde, als Abdocken bezeichnet.

APOLLO: amerikanisches Raumfahrtprogramm, das zwischen 1969 und 1972 zu sechs Landungen von insgesamt zwölf Astronauten auf dem Mond führte

ASTRO-VAN: kleiner Bus, mit dem Astronauten zur Startrampe gefahren werden

ATMOSPHÄRE: Lufthülle bzw. Gashülle um einen Himmelskörper wie die Erde. Größere Planeten haben eine Atmosphäre, kleinere Planeten und Monde meist nicht. Während die Atmosphäre auf der Erde menschliches Leben ermöglicht, ist sie beispielsweise auf dem Mars viel zu dünn und auf der Venus für Menschen sehr giftig.

ATV: *Automated Transfer Vehicle*, das unbemannte europäische Raumschiff für den Frachttransport zur ISS

B

BOOSTER: Hilfsraketen, die einer Rakete oder Raumfähre zusätzlich zu den Haupttriebwerken Schub geben

BREMSTRIEBWERK: Anders als die Triebwerke, die eine Rakete beim Start und Aufstieg ins All auf immer höhere Geschwindigkeiten bringen, dienen Bremstriebwerke der Verlangsamung des Fluges. Sie zünden daher entgegen der Flugrichtung.

BURAN: russische Raumfähre, die nur einen einzigen unbemannten Testflug ins All absolvierte

C

CAPCOM: Mitarbeiter/in des Kontrollzentrums, der/die als Einzige/r per Funk mit der Crew im All spricht

COCKPIT: Teil eines Raumschiffs, einer Raumfähre oder Raumstation, in dem sich die Instrumente zur Steuerung befinden

COLUMBUS: europäisches ISS-Weltraumlabor

COUNTDOWN: das Herunterzählen der Stunden, Minuten und Sekunden vor dem Start, das mit »3, 2, 1 ... Start« endet

CREW: Besatzung eines Raumschiffs, einer Raumfähre oder einer Raumstation

D

DESTINY: amerikanisches ISS-Weltraumlabor

E

ERGOMETER (auch Fahrrad-Ergometer): Sportgerät, das wie ein stehendes Fahrrad aussieht und mit dem man die körperliche Fitness trainieren und dabei die Belastung messen kann

EVA: *Extra-vehicular Activity*, übersetzt »Aktivität außerhalb des Raumschiffs«; Weltraumspaziergang

EVAKUIERUNG: in der Raumfahrt schneller Ausstieg aus einem Raumschiff oder einer Raumfähre bei einem Notfall

EXTERNER TANK: der außen, also extern, am Shuttle angebrachte Tank mit flüssigem Wasser- und Sauerstoff

F

FESTSTOFFRAKETEN: Raketen, die mit festen chemischen Explosivstoffen zum Beispiel in Pulverform gefüllt sind und angetrieben werden. Im Unterschied dazu gibt es in der Raumfahrt auch Raketen mit flüssigem Treibstoff.

FLIEHKRAFT (auch Zentrifugalkraft): die Kraft, die einen Gegenstand oder eine Person, die sich schnell im Kreis bewegt, nach außen zieht: zum Beispiel bei einer schnellen Fahrt mit dem Auto durch eine Kurve

FLIGHTDECK: Das oberste der drei Decks im Shuttle. Vorne im Flightdeck befindet sich das Cockpit.

FLÜSSIGKEITSRAKETEN: Raketen, die mit flüssigem Treibstoff – vor allem Kerosin und flüssigem Wasser- und Sauerstoff – angetrieben werden

G

GALAXIE: Ansammlung von oftmals mehreren Millionen und sogar vielen Milliarden Sternen. Die Galaxie, in der sich unsere Sonne befindet, heißt Milchstraße. Sie besteht aus rund 100 Milliarden Sternen.

H

HAND-OVER: Beim Schichtwechsel auf der Internationalen Raumstation wird so die Übergabe aller Aufgaben von der alten Crew an die neue Besatzung bezeichnet.

HANDSCHUH-BOX

HANDSCHUH-BOX: Luftdicht abgeschlossene Kiste zur Untersuchung von speziellen Proben, an der außen Handschuhe angebracht sind, die sich ins Innere der Box wölben. So kann man die Proben behandeln, ohne sie direkt zu berühren.

HITZESCHUTZSCHILD: spezielle Materialien, die Raumfähren oder Kapseln beim Wiedereintritt vor den hohen Temperaturen schützen, die durch die Reibung an den dichteren Luftschichten entstehen

HOLD: planmäßiges oder wegen eines Problems notwendiges Anhalten des Countdowns

HYDRAULIK: Hydraulische Bauelemente sind krafterzeugende Teile, die mit Flüssigkeitsdruck arbeiten. So werden beispielsweise das Fahrwerk und die Bremsen an einem Flugzeug oder einer Raumfähre hydraulisch mit Öldruck betätigt.

I

INKLINATION: Neigungswinkel einer Umlaufbahn im Verhältnis zum Äquator

ISS: *International Space Station*, Internationale Raumstation

K

KRATER: durch Einschlag eines Meteoriten oder durch Vulkanausbrüche ausgelöste Vertiefung in der Oberfläche eines Himmelskörpers

L

LAUNCH AND ENTRY SUIT (LES): englische Bezeichnung für den Anzug *(suit)*, der beim Start *(launch)* sowie am Ende der Mission beim Eintritt *(entry)* in die Atmosphäre und bei der Landung getragen werden muss

LICHTGESCHWINDIGKEIT: Wie der Schall benötigt auch das Licht eine bestimmte Zeit, um Strecken durch den Raum zurückzulegen. Während sich jedoch Schallwellen mit rund 300 Metern pro Sekunde fortbewegen, rast ein Lichtstrahl mit 300 000 Kilometern in der Sekunde durchs All.

LICHTJAHR: die Entfernung, die Licht in einem Jahr zurücklegt. Ein Lichtjahr entspricht circa zehn Billionen Kilometern (also 10 000 Milliarden Kilometern).

LIFT-OFF: Abheben einer Rakete oder Raumfähre beim Start

M

MARS EXPRESS: unbemannte Sonde der Europäischen Weltraumorganisation ESA, die den Mars umkreist und untersucht

MERCURY: amerikanisches Raumfahrtprogramm, das 1961 zum ersten Flug eines US-Astronauten in den Weltraum führte

METEORIT: Kleiner Himmelskörper, der auf die Erde trifft. Meist verglühen Meteoriten in der Erdatmosphäre, nur große Meteoriten schlagen gelegentlich auf dem Erdboden auf.

MIDDECK: kleiner Aufenthaltsraum unter dem Cockpit des Shuttles, in dem bei Start und Landung drei Raumfahrer sitzen und der auch die Schlafkabinen beherbergt

MIR: russische Raumstation, die von 1986 bis 2001 nahezu ständig bewohnt war

MODUL: Teil eines Raumschiffs oder einer Raumstation. Bei der Internationalen Raumstation ISS sind die einzelnen röhrenförmigen Module mit Atemluft gefüllt und durch »Knoten« miteinander verbunden, so dass die Raumfahrer darin leben und durch Luken von einem Modul zum anderen schweben können.

MOND: Himmelskörper, der um einen Planeten kreist. Unser Mond ist zwischen 356 000 und 406 000 Kilometer von der Erde entfernt, misst im Durchmesser ungefähr ein Viertel der Erde und benötigt etwa 27 Tage, um sie einmal zu umrunden.

MONDLANDEFÄHRE: Raumschiff zur Landung auf dem Mond

N

NAVIGATIONSSATELLIT: Satelliten, die Daten zur genauen Orts- und Kursbestimmung zur Erde funken, so dass man mit entsprechenden Empfängern im Auto, Schiff oder Flugzeug genau navigieren kann

O

ORBIT: Umlaufbahn um einen Himmelskörper wie die Erde oder den Mond

P

PARABELFLUG: Wenn Spezialflugzeuge steil nach oben und dann in einer parabelförmigen Kurve wieder nach unten fliegen, kommt es auf der »Kuppe« der Flugbahn zu kurzen Phasen der Schwerelosigkeit. Diese Parabelflüge werden für Experimente und zum Training der Astronauten genutzt.

PLANET: Himmelskörper, der um einen Stern wie die Sonne kreist. Unser Sonnensystem hat einschließlich der Erde acht Planeten (Merkur, Venus, Erde, Mars, Jupiter, Saturn, Uranus, Neptun) und mehrere Zwergplaneten wie Pluto. Inzwischen wurden auch zahlreiche Planeten in der Nähe sehr weit entfernter Sterne entdeckt.

POLARLICHTER: Leuchterscheinung am Nachthimmel vor allem in Nähe der Polargebiete, ausgelöst durch elektrisch geladene Teilchen, die von der Sonne stammen und die auf die oberen Schichten der Erdatmosphäre treffen

Q

QUARANTÄNE: Unterbringung in einem von der Außenwelt abgeschlossenen Raum. Die Quarantäne soll eine Ansteckung mit Krankheitserregern wie Bakterien verhindern.

R

RAUMFAHRTAGENTUR: Organisation, die Raumfahrtmissionen plant, vorbereitet und teilweise auch selbst durchführt. Alle großen Länder, die in der Raumfahrt aktiv sind, haben Raumfahrtagenturen, wie zum Beispiel die NASA in den USA oder das DLR in Deutschland. Darüber hinaus gibt es in Europa die ESA, in der 17 europäische Länder zusammenarbeiten.

RAUMKRANKHEIT: Unwohlsein, Schwindelgefühle und Übelkeit, mit denen der menschliche Körper oft auf die ungewohnte Situation der Schwerelosigkeit reagiert

RELATIVITÄTSTHEORIE: von Albert Einstein entwickelte physikalische Erklärung der Zusammenhänge von Raum und Zeit sowie Masse und Energie, die bis heute Grundlage für das moderne Verständnis des Universums ist

ROTATION: Drehung zum Beispiel eines Himmelskörpers wie der Erde um sich selbst, also um die eigene Achse. Die Erdrotation ist bekanntlich der Grund dafür, dass ein Tag und eine Nacht zusammen 24 Stunden dauern. Andere Planeten, die sich langsamer um sich selbst drehen, haben entsprechend längere Tage und Nächte.

RÜCKSTOSS: Wird beispielsweise eine Pistolenkugel abgeschossen, so schlägt die Pistole selbst beim Schuss nach hinten aus: Diese Gegenreaktion auf die Beschleunigung der Kugel nennt man Rückstoß. Alle Raketen und Raumfähren werden nach

dem Rückstoßprinzip angetrieben: Das permanent nach unten ausströmende Antriebsgas erzeugt dabei eine Kraft nach oben, die die Rakete anhebt.

S

SALJUT: eine Reihe von russischen Raumstationen, die in den 1970er und 1980er Jahren gestartet worden sind

SATELLIT: künstlicher Himmelskörper, der die Erde umkreist. In der Regel sind Satelliten mit Instrumenten ausgestattet, die zur Beobachtung der Erde, zur Übertragung von Fernsehprogrammen oder anderen Zwecken dienen. Während Satelliten die Erde umrunden, fliegen Sonden von ihr weg zu anderen Himmelskörpern.

SATURN V: größte je gebaute Rakete, die ein Apollo-Raumschiff in eine Bahn zum Mond befördern konnte

SCHALLGESCHWINDIGKEIT: Der Schall, also jedes Geräusch wie ein Schrei oder ein Knall, setzt sich in der Luft mit etwas mehr als 300 Metern pro Sekunde fort.

SCHALLMAUER: Bildlicher Begriff für die gedachte Grenze, bei der Flugzeuge den Schall »überholen« und dann schneller als der Schall fliegen. Wird die Schallmauer durchbrochen, gibt es einen lauten Knall: Denn das Flugzeug fliegt so schnell, dass die Luft nicht schnell genug ausweichen kann und sich gewissermaßen vor dem Flugzeug staut. Beim Überschreiten der Schallgeschwindigkeit durchstößt das Flugzeug diese »Luftwand« wie eine Nadel einen Luftballon.

SCHUB: Kraft, die ein Objekt wie eine Rakete antreibt

SCHWERELOSIGKEIT: Die Abwesenheit der Schwerkraft zum Beispiel in der Internationalen Raumstation oder bei einem Parabelflug. Schwerelosigkeit entsteht, wenn sich ein Körper im freien Fall befindet. So gleicht der Flug der ISS einem andauernden freien Fall um die Erde. Die ISS fällt dabei deshalb nicht auf die Erde, weil die Fliehkraft sie auf der kreisförmigen Bahn hält.

SCHWERKRAFT (auch Gravitation oder Anziehungskraft): Die Kraft, mit der sich Massen anziehen. So zieht beispielsweise ein Himmelskörper wie die Erde alle Objekte auf seiner Oberfläche und in seiner Nähe an. Je mehr Masse ein Himmelskörper hat, desto stärker ist seine Anziehungskraft. Und je weiter man sich von ihm entfernt, desto schwächer wirkt sie.

SEISMOMETER: Gerät zur Messung von Erdbeben

SENSOR: Instrument zur Messung verschiedener Größen: zum Beispiel der Temperatur, der chemischen Zusammensetzung der Luft oder auch der Entfernung zu einem Gegenstand

SIMULATOR: Modell eines Raumschiffs, einer Raumfähre oder einer Raumstation – oder auch nur von Teilen wie dem Cockpit – in Originalgröße. In Simulatoren üben Raumfahrer die Bedienung der Bordinstrumente ein.

SKAPHANDER: russische Bezeichnung der Raumanzüge, die bei Start und Landung getragen werden müssen

SKYLAB: ehemalige amerikanische Raumstation, auf der sich 1973 und 1974 Astronauten aufhielten

SOJUS: russische Rakete und russisches Raumschiff, mit dem bis zu drei Raumfahrer ins All starten können

SONDE (auch Raumsonde): Flugkörper, der zu anderen Planeten, Monden oder zur Sonne unterwegs ist, um sie mit Instrumenten oder Kameras näher zu untersuchen

SONNE: Sonnen und Sterne sind ein und dasselbe. Unsere Sonne ist ein Stern mittlerer Größe. Sie ist rund fünf Milliarden Jahre alt und wird weitere fünf Milliarden Jahre scheinen, bis sie allen Brennstoff verbraucht hat. Die Sonne ist 150 Millionen Kilometer von der Erde entfernt, ihr Durchmesser ist 100-mal größer als der Durchmesser der Erde.

SONNENFINSTERNIS: Bei einer Sonnenfinsternis steht der Mond genau auf einer Linie zwischen der Sonne und der Erde, so dass sein Schatten auf die Erde fällt. Vom Boden aus betrachtet scheint sich der Mond direkt vor die Sonne zu schieben. Umgekehrt steht bei einer Mondfinsternis die Erde zwischen Sonne und Mond, so dass der Schatten der Erde auf den Mond fällt und ihn verdunkelt.

SONNENSEGEL: nebeneinander angeordnete Solarzellen, die Sonnenlicht in Strom verwandeln

SPACELAB: von der ESA entwickeltes Raumlabor, das man zwischen 1983 und 1998 25-mal für jeweils ein bis zwei Wochen mit Raumfähren ins All transportierte, um darin Versuche durchzuführen

SPACESHUTTLE oder **SHUTTLE:** Raumfähre. Im Unterschied zu Kapseln landen Raumfähren wie Flugzeuge waagerecht und können wiederverwendet werden.

SPUTNIK 1: erster Satellit, der die Erde umkreist hat (1957)

STARTFENSTER: die Zeitspanne, in der ein Flug gestartet werden muss

STERN: Himmelskörper, der – wie unsere Sonne – selbständig leuchtet, also große Mengen an Strahlung aussendet. Im Gegensatz zu Sternen scheinen Planeten und der Mond nur deshalb hell, weil sie von der Sonne angestrahlt werden und ihr Licht reflektieren.

SWESDA: russisches ISS-Modul

T ....

TELEOPERATIONS: Fernsteuerung von Geräten

TOPOGRAFIE: Vermessung der Erdoberfläche – und zwar vor allem der Höhen und Tiefen

U ....

UMLAUFBAHN: Flugbahn um die Erde oder um einen anderen Himmelskörper. Umlaufbahnen können kreisförmig oder wie eine Ellipse geformt sein und sehr unterschiedliche Bahnhöhen haben. Je nach Bahnhöhe wiederum dauert ein Umlauf mehr oder weniger lang.

UNITY: amerikanischer Verbindungsknoten an der ISS, der das russische Modul Zarja mit dem amerikanischen Labor Destiny verbindet

URKNALL: Die meisten Astronomen vermuten, dass das Universum vor etwas weniger als 15 Milliarden Jahren aus einer ungeheuren Explosion, dem sogenannten Urknall, entstanden ist.

V ....

VAKUUM: Materiefreier Raum. So wird auch der praktisch luftleere Raum im All bezeichnet.

W ....

WALK-OUT: wörtlich »Herausgehen« – der Moment, wenn die Astronauten das Gebäude verlassen, in dem sie die Raumanzüge angelegt haben, und zur Startrampe gefahren werden

WELTRAUMBAHNHOF: Startgelände für Raketen und Raumfähren

WELTRAUMMÜLL (auch Weltraumschrott): Überbleibsel oder Bruchstücke von alten Satelliten oder ausgebrannte Reste einer Rakete, die weiter die Erde umkreisen und wegen möglicher Zusammenstöße mit aktiven Satelliten oder der Raumstation eine Gefahr darstellen

WELTRAUMSPAZIERGANG: Ausstieg eines Raumfahrers bzw. einer Raumfahrerin ins All

WELTRAUMTELESKOP HUBBLE: Satellit, der seit 1990 die Erde umkreist und mit seinen Kameras ferne Sterne und Galaxien fotografiert

WIEDEREINTRITT: Eintauchen einer Raumfähre oder Kapsel aus dem All in die Atmosphäre der Erde, wobei die Reibung des schnell fliegenden Flugkörpers an den dichten Luftschichten zu enormer Hitze führt

Z ....

ZARJA: russisches ISS-Modul

PERSONEN- UND SACHREGISTER

PERSONENREGISTER ....

Interviewseiten sind fett hervorgehoben.

Aldrin, Edward »Buzz« 17–19
Armstrong, Neil 10, 16–19
Budarin, Nikolai 71
Cernan, Eugene 20, 21
Chaffee, Roger 14
Clervoy, Jean-François 46, **47**, 60
Collins, Eileen 13
Collins, Michael 17, 19
Crippen, Robert 23
Culbertson, Frank L. 70
Curbeam, Robert L. 71
De Winne, Frank 36, **41**, 69
Dschanibekow, Wladimir 24
Duque, Pedro 40, 62, **63**, 69
Einstein, Albert 83
Ewald, Reinhold **77**
Eyharts, Léopold **71**
Flade, Klaus-Dietrich **39**, 74
Foale, Michael 65, 69
Fuglesang, Christer **37**
Furukawa, Satoshi 39
Gagarin, Juri 10, 12, 13
Glenn, John 8, 10, 13
Grissom, Virgil »Gus« 14
Guidoni, Umberto **43**, 60
Haigneré, Claudie 58, **59**
Haigneré, Jean-Pierre **83**, 84
Haise, Fred W. 20
Hoshide, Akihiko 39
Jähn, Sigmund **87**
Kaleri, Alexander 62
Krikaljew, Sergej 76
Kuipers, André 36, 68, **69**
Leonow, Alexeij 14, 41
Lovell, James A. 20
McAuliffe, Christa 22
McCandless, Bruce 34
Merbold, Ulf **53**
Messerschmid, Ernst **75**
Nicollier, Claude 60, **65**, 66
Ockels, Wubbo **73**
Parazynski, Scott 40
Perrin, Philippe 34, 64
Reiter, Thomas **55**, 57, 66
Ride, Sally 13
Schlegel, Hans 24, **89**
Schmitt, Harrison 20, 21
Shepard, Alan 8, 10, 13, 21
Swigert, John L. 20
Tereschkowa, Valentina 13
Thiele, Gerhard 78, **79**
Titow, German 12
Tognini, Michel **51**
Tokarew, Valerij 73

Tryggvason, Bjarni V. 75
Tyurin, Mikhail 70
Vittori, Roberto 57
Walheim, Rex 31
Walker, Joe 10
Walter, Ulrich 24, **49**
Walz, Carl 71
White, Edward 14, 15
Wolfe, Tom 10
Yeager, Charles »Chuck« 10
Yamazaki, Naoko 39
Young, John 23

SACHREGISTER ....

Hauptseiten zu einem Stichwort
sind fett hervorgehoben.

Abkoppeln **86–87**
Andocken 17, 24, 28, 43, 47, **54–55**, 57, 68
Apollo 13, 14, 16, 17, 19, 20, 21, 78
ASI 43
Atlantis 23
Atmosphäre 8, 12, 20, **21**, 22, 28, 53, 65, 70, 79, 82, 83, 84, 86, 87
ATV **28**
Ausbildung 13, **36–41**, 88
Außenbordeinsatz siehe EVA
Baikonur 11, 42, 44, 47, 49, 51
Beschleunigung 39, **50–51**, 52, 53, 89
Booster (auch: Feststoffrakete) 48, 49, 51, 53
Bordcomputer 26, 28, 74
Bordingenieur 10, 36, 38
Bordtoilette 70
Buran 22
CDTI 63
Challenger 22, 23
CNES 34, 83
Cockpit 20, 23, 25, 38, 39, 46, 47, 48, 51, 52, 73, 75
Columbia 22, 23
Columbus 26, **28**
Countdown **46–49**
Discovery 23, 57
DLR 77
EADS 28
Endeavour 23
Energie 48, **49**, 84
ESA 13, 24, 36, 55, 60, 63, 66, 77, 79
Essen siehe Nahrung
EVA 31, 37, **64–66**
Experiment 10, 24, 26, **27**, 28, 38, 42, 49, 58, **62–63**, 73, 75, 77, 83, 88
Flugtraining 37, **38–39**, 89
Freizeit **72–73**
Funkschatten **20**
Galaxie 66, 82

Geschwindigkeit 11, 38, 52, **54–55**, 77, 87
Hubble **65**, 66
ISS **26–31**, 36, 37, 41, 43, 54, 55, 57, 58, 59, 60, 62, 63, 64, 66, 68, 69, 70, 72, 74, 76, 77, 78, **79**, 86, 87
Kennedy Space Center 42, 46, 50, 51
Kohlendioxid 65, 74
Kontrollzentrum 10, 46, 49, 51, 65, 74, 77, 89
Körperpflege **70–71**
Kosmonaut **12**, 14, 24, 41, 47, 50, 57, 71
Krater 20, 21
Landung 12, 14, 16, 17, 20, 21, 22, 25, 27, 39, 40, 41, 52, **87–88**
Lichtgeschwindigkeit 66
Mars 26
Material (auch: Materialwissen-schaft) 21, 27, 28, 62, 63
Medizin (auch: medizinische Unter-suchungen und Versuche) 10, 24, 27, 28, 42, 43, 62, 75, **88–89**
Mercury 13
Meteorit 76
MIR **24–25**, 39, 47, 53, 55, 59, 66, 71, 74, 76, 77, 83, 84
Mond 8, 10, **13–21**, 22, 26, 27, 78, **82–84**
Mondauto 20
Mondgestein 17, 21
Mondlandefähre 16, 17, 20
Mondlandung 14, **17–19**, 21
Nahrung 20, 26, **68–69**, 71
NASA 14, 24, 34, 36, 37, 51, 69, 71
Navigation 20, 76, 83
Notfall 12, **76–77**
Notfalltraining **40–41**, 51
Orbit siehe Umlaufbahn
Parabelflug **39**
Pilot (siehe auch: Testpilot) 10, 13, 22, 36, 38, 39, 51, 52, 57, 75
Polarlichter 79, 81
Quarantäne 19, 42, 43
Raumanzug 14, 21, 37, 64
Raumfähre (siehe auch: Shuttle) 10, 13, 22, 23, 40, 42, 43, 46, 47, 48, 49, 50, 52, 53, 54, 57, 65, 73, 74, 75, 77, 81, 86, 88, 89
Raumkrankheit **58–59**, 75
Raumlabor 22, 24, 26, 28, 62, 75
Raumstation (siehe auch: ISS, MIR, Saljut, Skylab) 22, 24–29, 37, 54, 64, 71, 76, 78, 84, 86
Roboter (auch: Roboterarm) 55, 65
Saljut 24
Satellit 11, 12, 51, 55, 64, 65, 77, 83

Saturn V **16**, 17
Sauerstoff 20, 48, 49, 51, 64, 77
Schallgeschwindigkeit 10, 87
Schlafen 41, 43, **74–75**
Schub 11, 49, **50–51**, 52
Schwerelosigkeit 15, 22, **27**, 36, 37, 39, 42, 47, **52–53**, 55, 58, 59, **63**, 68, 69, 70, 72, 73, 74, 75, 88, 89
Schwerkraft **17**, 27, 42, 59, **63**, 75, 89
Shuttle (auch: Spaceshuttle; siehe auch: Raumfähre) 13, **22–25**, 27, 34, 37, 38, 40, 43, 46, 47, 48, 49, 50, 51, 53, 54, 55, 57, 60, 63, 65, 66, 71, 73, 75, 78, 79, 81, 86, 89
Simulator 36, 37, 38, 39, 40, 46, 51, 57, 71, 76, 89
Skylab 24
Sojus-Landekapsel 41, 86
Sojus-Rakete 22, 24, 44, 48, 49, 50, 55
Sojus-Raumschiff **22**, 24, 38, 41, 43, 48, 53, 54, 55, 57, 77, 86, 87
Sonde 19
Sonne 14, 21, 25, 53, 55, 64, 74, 75, 78, **82–84**
Sonnenfinsternis 84
Spacelab **24**, 73, 75
Sputnik 11, 12
Start 11, 12, 13, 16, 17, 21, 22, 25, 26, 27, 34, 37, 40, **42–49**, 50, 51, **52–53**, 64, 68, 69, 75, 88
Startfenster 43
Stern 20, 65, **82–84**
Sternenstädtchen 37
Taikonaut 12
Teleoperations **62–63**
Testpilot **10**, 13, 39, 51, 55, 71
Tiere 11
Training 14, 17, **36–41**, 43, 47, 51, 62, 63, 64, 72, 76, 77, 89
Treibstoff 16, 17, 28, 47, 49, 50, 51, 52
Triebwerk 17, 20, 25, 48, 49, 50, 51, 52, 53, 66, 86, 89
Überlebenstraining 40, **41**
Umlaufbahn (auch: Orbit) **11**, 14, 16, 20, 21, 22, 25, 26, 27, 43, 49, 51, 52, 53, 54, 75, 78, 79, 81, 82, 83, 86
Unfall 12, 14
Unterwassertraining **36–37**, 64, 77
Vakuum 14, 21
Wasserstoff 48, 49
Weltraumbahnhof 11, 42, 44, 47, 49, 51
Weltraummüll **76–77**
Weltraumspaziergang **14–15**, 31, 34, 37, 41, 55, 64, 66
Weltraumteleskop siehe Hubble
Wiedereintritt 22, **86–87**
Wissenschaftsastronaut 36, 38, 42, 62, 88

BILDNACHWEIS
UND DANKSAGUNG

BILDNACHWEIS

S. 2–11: NASA; **S. 12:** oben: NASA; unten: Star City (ZPK); **S. 13:** NASA; **S. 14:** links: Star City (ZPK), Bildverarbeitung: D. De Martin; rechts: NASA; **S. 15–23:** NASA; **S. 24:** oben links und rechts: DLR/NASA; unten: Star City (ZPK); **S. 25:** NASA; **S. 26:** ESA; **S. 27:** links: NASA; rechts: DLR (L. Ratke); **S. 28:** links: EADS (K. Henseler); rechts: ESA (D. Ducros); **S. 29:** oben: NASA; unten links und rechts: ESA (D. Ducros); **S. 30–35:** NASA; **S. 36:** ESA/NASA; **S. 37:** oben: NASA; unten: ESA; **S. 38:** NASA; **S. 39:** oben: DLR; unten: NASA; **S. 40:** ESA/NASA; **S. 41:** oben und unten links: ESA/Star City (ZPK); unten rechts: ESA/ASI/Star City (ZPK); **S. 42:** NASA; **S. 43:** oben links: NASA; oben rechts: ESA/NASA; unten: NASA (K. Thornsley); **S. 44:** oben: NASA (B. Ingalls); unten: ESA (S. Corvaja); **S. 45:** ESA/Star City (ZPK); **S. 46–48:** NASA; **S. 49:** oben: NASA; unten: NASA (B. Ingalls); **S. 50:** NASA; **S. 51:** oben: ESA (S. Corvaja); unten: NASA; **S. 52:** NASA; **S. 53:** oben: ESA (P. Aventurier); unten: NASA; **S. 54:** NASA; **S. 55:** oben: ESA; unten: NASA; **S. 56:** NASA; **S. 57:** oben: ESA (S. Corvaja); unten: NASA; **S. 58:** ESA/CNES; **S. 59:** ESA/CNES/Star City (ZPK); **S. 60–61:** NASA; **S. 62:** ESA; **S. 63:** oben: NASA; unten: ESA; **S. 64–65:** NASA; **S. 66:** oben: NASA, ESA, STScI/ESA (A. Nota); unten: NASA; **S. 67:** ESA; **S. 68:** NASA; **S. 69:** ESA; **S. 70:** NASA; **S. 71:** links oben, Mitte und unten: NASA; oben rechts: ESA (S. Corvaja); **S. 72–73:** NASA; **S. 74:** DLR; **S. 75:** links oben und unten: NASA; oben rechts: DLR/NASA; **S. 76:** NASA; **S. 77:** oben: ESA (S. Corvaja); unten: NASA; **S. 78:** ESA/NASA/DLR; **S. 79–82:** NASA; **S. 83:** ESA (J.-L. Atteleyn); **S. 84:** NASA; **S. 85:** oben: NASA; unten: ESA/CNES (S. Corvaja); **S. 86:** ESA (S. Corvaja)/ASI; **S. 87:** oben: G. Kowalski; **S. 87:** unten: ESA/CNES; **S. 88:** NASA; **S. 89:** ESA (S. Corvaja); **S. 90:** ESA/DLR/FU Berlin (G. Neukum)

Umschlagabbildung vorn: 400 Kilometer über der Erde unternimmt ein Astronaut einen Außenbordeinsatz. Seine Füße sind an einem Roboterarm befestigt, der ihn mit der Internationalen Raumstation ISS verbindet.
Abbildung Seite 90: Der Mars – eines der nächsten großen Ziele der bemannten Raumfahrt. Die Aufnahme stammt von der europäischen Sonde Mars Express, die unseren Nachbarplaneten seit 2004 in mehreren hundert Kilometern Höhe umkreist. Die Daten, die die Sonde zur Erde funkt, können am Computer bearbeitet werden. Mit der entsprechenden Software lässt sich jede gewünschte Perspektive erstellen.
Umschlagabbildungen hinten: Links: Eine Raumkapsel im Meer: Überlebenstraining auf hoher See. Mitte: Der Countdown läuft: Eine Raumfähre wird startklar gemacht. Rechts: Schwerelosigkeit: Alles schwebt.

DANKSAGUNG

Als fachliche Berater haben an diesem Buch Andreas Diekmann, Karlheinz Kreuzberg und Gerhard Thiele mitgewirkt. Ihnen sowie allen Astronauten, die trotz der Hektik des Trainings und teilweise sogar noch wenige Tage vor dem Start bereitwillig Auskunft gegeben haben, gilt mein besonderer Dank.

Bibliografische Information Der Deutschen Bibliothek
Die Deutsche Bibliothek verzeichnet diese Publikation in der Deutschen Nationalbibliografie;
detaillierte bibliografische Daten sind im Internet über http://dnb.ddb.de abrufbar.

Deutsche Originalausgabe
Copyright © 2007 von dem Knesebeck GmbH & Co. Verlags KG, München
Ein Unternehmen der La Martinière Groupe

Gestaltung: Knesebeck Verlag – Fabian Arnet, Leonore Höfer
Satz: satz & repro Grieb, München
Druck: Proost, Turnhout
Printed in Belgium

ISBN 978-3-89660-428-6

Alle Rechte, insbesondere das Recht der Vervielfältigung und Verbreitung, vorbehalten.
Kein Teil des Werkes darf in irgendeiner Form (durch Fotokopie, Mikrofilm oder ein anderes Verfahren)
ohne schriftliche Genehmigung des Verlags reproduziert oder unter Verwendung elektronischer
Systeme verarbeitet, vervielfältigt oder verbreitet werden.

www.knesebeck-verlag.de